中国农垦
——农业现代化与农业安全的中国道路

王曙光 著

商务印书馆
The Commercial Press

图书在版编目(CIP)数据

中国农垦：农业现代化与农业安全的中国道路 / 王曙光著. — 北京：商务印书馆，2021
ISBN 978-7-100-19373-3

Ⅰ.①中… Ⅱ.①王… Ⅲ.①农垦－农业现代化－研究－中国②农垦－农业生产－安全生产－研究－中国 Ⅳ.①F32

中国版本图书馆CIP数据核字（2021）第005880号

权利保留，侵权必究。

中国农垦
——农业现代化与农业安全的中国道路
王曙光　著

商 务 印 书 馆 出 版
（北京王府井大街36号　邮政编码 100710）
商 务 印 书 馆 发 行
三河市尚艺印装有限公司印刷
ISBN 978-7-100-19373-3

2021年3月第1版　　　开本 880×1230　1/32
2021年3月第1次印刷　印张 6 1/2

定价：58.00元

作者简介

王曙光，北京大学经济学院教授，博士生导师，北京大学产业与文化研究所常务副所长。先后获北京大学经济学学士、硕士和博士学位，1998年留校任教至今。主要研究领域为中国农业与农村、中国发展战略与国企改革、中国经济史。已出版著作《维新中国：中华人民共和国经济史论》《中国经济》《中国论衡》《中国方略》《中国农村》《天下农本》《中国扶贫》等三十余部，并出版《燕园拾尘》《燕园困学》《老子心诠》《论语心归》等。

内容简介

国有农垦体系是我国农业经营体系中最重要的组成部分,担负着我国农业安全和粮食安全的重任,是中国农业现代化的主力军和排头兵。本书从全球农业竞争格局下中国农业现代化和农业安全的大战略出发,来构建农垦制度改革和未来发展战略的基本框架。特别聚焦农垦产权改革和现代企业制度构建、剥离社会功能改革、农业技术进步和农业安全、集团化企业化改革与企业品牌建设、垦地共建机制、金融支持框架、生态农业构建等难点、焦点问题,结合各地农垦的创新探索经验,对我国农垦体制变革与发展模式进行了较为系统的研究。本书将理论探索、历史研究和实践梳理相结合,值得各地农垦和决策部门参考。

目　录

引言：构建新时代中国特色农业体系的挑战与出路……………1

第一章　从我国多层次农业经营主体看农垦的战略地位…………7

第二章　从历史与现实视角看农垦的核心制度设计与未来
　　　　战略……………………………………………………14

第三章　中国农垦体系传统体制的历史贡献与"适应性
　　　　扬弃"…………………………………………………19

第四章　中国农垦体系的产业性质、功能结构与剥离"企业
　　　　办社会"改革…………………………………………26

第五章　中国农垦体系改革历程：路径、成就和挑战…………33

第六章　农垦体制改革必须处理好四大战略关系………………41

第七章　农垦体系双重功能结构与差异化改革模式……………50

第八章　农垦体系与国家农业安全：以中国大豆产业为
　　　　核心……………………………………………………60

第九章　农垦体系与国家农业安全：以中国棉花产业为
　　　　核心……………………………………………………74

第十章　农垦体系与地方发展：市场机制下的垦地共生
　　　　模式..90
第十一章　农垦体系现代企业制度构建与优质企业培育........100
第十二章　农垦体系与中国农业技术进步.............................112
第十三章　中国农垦国有资本管理创新与混合所有制构建....123
第十四章　中国农垦一二三产业融合发展战略.......................133
第十五章　中国农业供应链金融创新与农垦发展...................147
第十六章　中国农垦体系现代生态农业构建与传统农业
　　　　　文明..163
第十七章　国家主权级农业产业基金构建与中国农垦发展....174
第十八章　从全球竞争格局与中国大农业视角布局农垦未来
　　　　　蓝图..186
跋语：与中国农垦结缘二十年..193

引言：构建新时代中国特色农业体系的挑战与出路

┌ **本章导读** ┐

在农业全球化竞争日益激烈、全球农业市场面临巨大不确定性的今天，农业安全尤其是粮食安全是我国经济发展和国家安全的"压舱石"。我国在农业生产和粮食生产中既面临着生产力方面的局限（主要是农业科技水平、农业机械化水平和农业现代化水平较低），又面临着生产关系方面的局限（主要是土地制度和农业生产的组织形式方面的约束）。这些局限导致我国农业安全问题不可小觑，应高瞻远瞩，提早谋划。中国农垦体系作为现代农业的排头兵，其农业技术水平、农业机械化水平以及独特的组织形式和体制优势，使其能够成为中国特色农业体系中最强大的力量，在保障中国的农业安全和粮食安全中扮演着关键角色。

农业农村问题一直是影响我国经济发展和国家安全的核心问题之一。从经济发展角度来说，农业和农村的发展是我国国民经济发展的重要组成部分，也是最基础的部分，因此，促进农业产业的发展和农村经济的增长，一直是核心的国家战略。从国家安全的角度来说，粮食安全和食品安全对于中国这样一个人口大国和地缘政治大国而言，其重要性不言而喻，保持粮食的基本自给、保持农业生产的稳定性和足够的自给能力，是我国粮食安全的前提，也是我国国家安全的重要基础与保障。

然而，对于如何保持我国农业的可持续发展，以及如何保持我国基于粮食安全的国家安全，目前在决策层面和学术层面都有不同的探讨，观点并不一致。这里面有一个短期视角和长期视角的差异问题，这种差异导致大家的大判断往往存在分歧。从短期视角来看，我国粮食生产和农业发展一直比较平稳，连续很多年的粮食丰收已经让很多国人感觉粮食已经不是什么"问题"，因此学术界无须讨论什么"粮食问题"，也不用担心粮食自给率和粮食安全的问题。这种短期视角的判断往往容易使我们放松对粮食问题和农业问题的警惕，误以为对农业和粮食问题的深入讨论都是杞人忧天。然而中国农业和粮食问题如果从长期视角来看，就没有那么简单。通过统计数据，我们不难发现，我国的粮食进口规模在逐年上升，而且更值得关注的是，主粮进口也在悄悄地逐渐上升，这就发出了一个比较令人警惕的信号。同时，如果我们仍然以短期的纯粹产量的视角来看农业生产和粮食供给问题，就未免把这个问题"故意"地简单化了。在一个完全市场化的经济体系中，"产量"并不是衡量一个产业竞争力的唯一重要的指标，甚至"产量"本身会成为一个相对次要的衡量竞争力的指标，即使产量再高，如果卖不出去，在市场上难以实现其交换价值，我们的"高产量"也是没有任何意义的。

尤其值得注意的是，今天我们的粮食市场和农业市场已经完全全球化了，这个事实，也许是影响中国农业安全和粮食安全的最大的事实。每一个粮食供应商和每一个粮食需求者，都面临着一个"全球化了"的市场，而不是一个封闭的国内市场。在这种情况下，市场价格就是一个最好的市场供求的指示器，每一个粮食供应商和每一个粮食需求者都按照这个指示器去行动。即使你产量再高，如果在价格和质量上没有全球的竞争力，那么你的粮食和其他农业产品就难以实现市场价值，因为没有任何厂商愿意购买你的粮食和农业产品。在这种情况下，"丰收"仅仅意味着你的库存的增加，而不意味着你的市场价值的增加；即使本国消费者和粮食需求者也难以消费和享有本国的那些"丰收"的农产品，因为这些农产品难以进入市场，我们只能看着这些"丰收"的粮食不断囤积在仓库中，而去购买那些更具全球市场竞争力的农产品。

这是一个很残酷的现实。但是我们必须面对这个现实，不能以"皇帝的新装"的姿态故意装作看不到这个现实，从而安于我国连续数年的"丰收"的现状而不思变革。那么，我们的问题出在什么地方呢？从比较粗浅的角度来看，我们的农业生产和粮食生产的问题，主要出在生产方式上。我们的农业生产和粮食生产的科技含量比较低，附加值低，但成本很高，因此竞争力低。我们的农业生产和粮食生产虽然从"量"上来说并不少，但是"质"不高，从而在国际市场上没有什么比较优势。农业科技在我国农业生产中的应用程度比较低，农业机械化程度也比较低,科学技术和现代机械在农业生产增值中的作用比较小,这就决定了我国的大部分农业生产和粮食生产是低质量的生产,是低附加值的生产,这种比较原始的生产方式,导致我国的农业生产和粮食生产尚处于幼稚阶段,尚属于低效农业,而不是高效农业。而且由于生产方式原始,农业的生态化反而受到极大的制约,不合理地施用农药和过量施用化肥导致农业各生产要素(主要是土壤和水)的质量逐年下降,部分地区的农业生产要素危机甚至到了难以收拾的地步。

然而从更深的角度来看,生产方式的原始和落后实际上背后折射出生产关系的落后以及生产力与生产关系之间的不适应。为什么农业生产和粮食生产的质量不高?为什么农业科学技术和农业机械以及生态农业方法在我国农业生产和粮食生产中的应用程度低?为什么我国的农业生产和粮食生产还处于一个比较低级的原始的幼稚的状态?其最根本的原因在于我国农业生产和粮食生产所依赖的生产关系是相对落后的,也就是说,我们的农业生产和粮食生产体制(也就是生产关系)相对于全球化农业市场竞争的要求和我国提高农业生产力的要求而言,是落后的。先进农业技术的推广和农业机械的大规模运用,在一个以小农为主的生产关系中是难以实现的,无论我们的农业科技推广部门如何鼓励小农户应用新的农业技术,无论国家改造传统小农耕作技术的努力是多么真诚,这种愿望仍然是无法实现的。这就是生产关系和生产力的矛盾,是生产关系制约了生产力的发展。对于这个问题,我们必须正视,不能再视而不见了。

这就提出来一个极为重要的问题，即构建"新时代中国特色社会主义农业经济体系"的问题。这个"新时代中国特色社会主义农业经济体系"到底应该是什么样的？由于中国幅员广阔，地区差异性极大，我们很难简单地、整齐划一地"设计出"一套这样的农业经济体系；尽管如此，我们仍然可以从一般的趋势方面，从长远的发展战略层面，指出这个"新时代中国特色社会主义农业经济体系"的一般特点和一般规律。我想，这个"新时代中国特色社会主义农业经济体系"首先必须是一个在全球化农业市场竞争中具备竞争能力的农业经济体系，必须是一个能够装备较高水平农业技术和农业机械化的农业经济体系，必须是一个能够保障我国基本粮食安全和农业安全的农业经济体系，必须是一个与我国公有制为主体的基本经济制度相适应的农业经济体系，必须是一个能够使我国农业生产从粗放低质状态转变到集约高质状态的农业经济体系，必须是一个能够应对日益突出的农业生态压力和环境压力从而能够实现可持续增长的农业经济体系，从而这种农业经济体系必须是一个能够突破小农经济的制约而实现农业产业化和农业现代化的农业经济体系。而什么样的生产关系（或者经济体制）能够支撑这个"新时代中国特色社会主义农业经济体系"呢？或者说，什么样的组织形式可以承担这样的历史使命呢？我想，在中国，只有农垦体系能够承担这样的历史使命。中国农垦体系何以能承担这样的历史使命？这跟农垦体系高度发达的农业现代化水平、农业科技水平和农业机械化水平有关，同时，更跟农垦体系独特的国有企业制度、生产组织形式等体制优势密切相关。

农垦体系在全球市场化竞争的大背景下，如果能够适应市场竞争而构建起一整套有效率的运作机制，如果能够在传统体制的基础上进行适应性的深刻的制度创新（比如剥离企业办社会改革、人事制度改革、国有资产管理体制改革、内部激励和约束机制改革、混合所有制的产权改革等），就一定可以承担起这样的历史使命。本书试图在农业全球化和中国农业安全的大背景下，展开对农垦制度创新的探讨，从而推动中国农垦在发挥体制优势的前提下，进一步转型创新，成为中国特色农业体系中最强大的力量，在保障中国的农业安全和粮食安全中扮演关键角色。

第一章　从我国多层次农业经营主体看农垦的战略地位

> **本章导读**
>
> 当前我国多层次农业经营主体包含农户家庭经济、农村合作经济、农村集体经济以及国有农垦体系等，不同的农业经营主体各有各的特征，也各有各的优势和劣势。本章从我国农业现代化和农业安全战略的高度，探讨了当前小农户经济、合作社经济和农村集体经济的局限，提出未来我国实施农业现代化和农业安全战略的"综合扶持、重点推进"基本方略，并特别强调中国农垦在未来中国农业现代化中的不可替代的战略地位。

我国当前的农业经济体系是以小农经济为主体的农业经济体系。大部分的土地要素被分散到数亿小农户手中，进行分散化的、碎片化的、附加值很低的、生产效率极低的农业生产。这种以小农经济为主体的生产方式，在改革开放初期曾经爆发出极大的生命力，使我国农业生产出现历史性的转折。但是我们不要忘记了，在我国改革开放后农业生产大规模增长的背后，还有大量的被我们所忽视的因素，这些因素主要是我国在人民公社时期进行的大规模农业基础设施建设、大规模农村人力资本积累和提升（主要是通过快速发展的农村医疗和农村教育）以及农村公共产品的大规模供给，这些因素都在改革开放后产生了极大的效应。随着时间的推移，随着农业市场竞争的全球化的加剧，随着我国农业生产的整个产业链逐步由封闭走向开放，我们传统的小农经济的农业形态遭遇到极大的挑战，在国际市场竞争和国内农业发展中的劣势逐渐显露出来。农产品质量问题所导致的食品安全问题已经遍及几乎所有农业产品，农业生态问题（尤其是土壤的大规模污染）日渐严重，农业科技推广在小农经济形态下显得步履维艰，这些问题，都极大地困扰和约束着中国农业的发展，当然从长期也深刻地影响了中国的农业安全和粮食安全。

我国目前的农业经济体系包含着几个不同层次的主体。第一是农户家庭经济，这是在家庭联产承包责任制推行之后的四十年间基本固化了的最主要的一类农业经济主体。小农经济在我国有悠久的传统，是我国历史悠久的农业文明的主要承载者，也是我国几乎所有传统文化理念和符号的主要来源。它在历史上有很顽强的生命力，这是不可否认的。同样不可否认的是，我国在现阶段，以及在未来很长的一个时期，都不可能"消灭小农"，不可能让小农经济（农户家庭经济）在一个短时期内消失。相反，我们还要从制度层面，从法律层面，尽量保障这种农户家庭经济的相对稳定性，不要急于改变，不要盲目地改变这种已经存在了数千年的根深蒂固的小农经济形态，以保障中国农民和农村的相对稳定性，这对整个国家的稳定都是非常重要的。"十九大"在农村土地制度和农民土地承包权方面的制度设计，都是基于稳定化的考虑。这无疑是正确的。但是同时，我们也要认识到，农户家庭经济这样一种农业经济形态，不太可能构成"新时代中国特色社会主义农业经济体系"的主体（不是在数量意义上的主体，而是在承担国家农业安全和农业现代化历史使命意义上的主体），这也是毋庸置疑的。而且，随着农业生产方式的变化，农户家庭经济形态也存在着一个向其他更具规模经济的农业经济形态转型的动态过程，存在着发生内在变革的可能性，而且我们在制度设计和法律上还要为这种变革和转型提供促进的力量，激励这种变革与转型，这也是毋庸置疑的一个大趋势。所以我们在解读"十九大"关于农业和土地的制度设计的时候，不仅要体会到其中"稳定化"的诉求，还要体悟其中的"变革和转型"的诉求。这两个诉求，缺一不可。既要尊重历史和现实，又要有前瞻性的眼光。

第二个层次的主体是农民合作经济，这是一种由农民自发自愿而构建的互助合作组织。我国农民专业合作社的立法已经十周年，在这十年中，农民合作社突飞猛进，其数量有了极大的增长，2018年达到200多万家。可以说，十年来，农民专业合作经济的发展为我国农业转型和农民收入增长做出了很大的贡献，这个历史性的成就不能否定。但是，从另一方面来看，我们也不能过高估计农民合作社的重要性以及其对我国农业生产的作用。为什么这么说呢？从产权结构来看，农民合作经济是农户家庭经济的某一部分要素按照合作社法的要求向合作社的投入，合作社尽管在农业生产的局部环节实现了农民的组织化以及要素利用效率的提升，但是从根本上来说，农民合作经济在现阶段仍然是一个处于比较低级形态的农业经济体系，大部分农民合作经济的合作效率不高，组织化程度不高，市场竞争力不强，其对农业生产集约化和现代化的影响仍然是有限的。更不用说，这200多万家合作社背后，基本上仍然是分散的农户个体，农业生产家庭经营的基本架构尚未发生根本性的变化，仅在个别生产与经营环节进行了程度较低的合作与整合（当然也有极为个别的较为大型的农业合作社实现了现代农业意义上的规模化经营，但数量极为稀少）。而且，绝大多数合作社局限在一个行政村或者自然村的村庄范围内（目前我国200多万家合作社分布在近60万个行政村中，平均每个村庄近3—4个合作社），其经营规模、应用农业科技的水平、实现现代农业生产的能力等必然受到极大的限制。因此，农民合作经济从总体上也很难成为"新时代中国特色社会主义农业经济体系"的主体，难以从整体上承担我国农业安全（粮食安全）和农业现代化的历史使命。

第三个层次的农业经济主体是农村集体经济。农村集体经济体系在人民公社时期对中国的农业产业化、农田水利基础设施建设的大规模开展、农村公共品的大规模普惠式供给，发挥了巨大的历史作用。改革开放之后，随着家庭联产承包责任制的普遍推行，农村集体经济的土地、机械、不动产等生产要素被分掉，失去了以一个集体组织的形式进行集体性生产经营活动的基础，因此导致农村集体经济在大面积的国土上几乎消失殆尽。极为个别的村庄当时没有将集体资产分配到户，而是保留了集体经济的组织形式和资产归属形式,这些村庄在中国大地上为数极少,但这些村庄在近四十年的发展中大多都获得了比彻底分配集体土地和资产的村庄更快更好的发展,有些保留集体经济较多的村庄甚至成为比较发达的经济体,在市场中占据有利的竞争地位。由于集体经济的要素在大面积的国土上已经彻底分配给农户家庭经营,因此农村集体经济在目前中国土地上已经为数极少,而农村集体经济的式微,正是我国农业生产遭受巨大困难和挑战、乡村治理面临巨大真空并导致农村社会治理问题丛生,以及农业基础设施建设大面积停滞甚至大部分农田水利设施大面积荒废的主要原因之一。即使在建立了若干合作社的村庄,由于合作社的合作层次较低、整合生产要素的能力低,因此,对以上问题的解决几乎是杯水车薪,无能为力。近年来党中央高度重视农村集体经济发展,出台了很多措施促进农村集体经济发展,把农村集体经济发展置于坚持完善我国基本经济制度和巩固党的执政基础的高度来认识,取得了一定的成效。但是,由于绝大多数村庄所拥有的集体经济要素(土地和其他资产)极为有限,由于绝大多数农业要素是由家庭(小农户)所拥有,因此农村集体经济的发展面临着巨大的制度"瓶颈"。我们2017年在浙江和福建的十五个县所做的调查表明,绝大多数的农村集体几乎没有任何土地和其他有形资产,集体经济成为无源之水、无本之木,农村集体经济成为空壳,发展集体经济举步维艰。即使在有一定集体资产的村庄,集体经济的经营也被限制在一个村庄的范围内,这种生产经营模式与现代大农业的组织形式和生产方式差距甚大。因此,从总体上来说，当前的农村集体经济也不可能成为"新时代中国特色社会主义农业经济体系"的主体，难以从整体上承担我国农业安全（粮食安全）和农业现代化的历史使命。

第四个层次的农业经济主体就是中国的农垦体系。对于这一庞大的体系，无论是学术界、政策部门还是社会公众，都没有给予应有的重视。但是，从中国当前的国情出发，从中国所面临的国际农业市场竞争环境出发，从中国未来的国家安全和粮食安全的前景出发，中国农垦体系必将成为中国农业现代化和承担保障中国农业安全的主力军，这是毫无疑义的。通过对于前三个层次的农业经济主体的深入剖析，可以断定，在今天的中国，要想从战略意义上解决中国农业现代化、农业产业化和保障国家粮食安全，必须重视农垦体系的发展，也只有依赖农垦体系的发展，这是毋庸置疑的事实。认识不到这个事实，我们的农业政策就要出问题，我们的乡村振兴战略和农业安全战略就会打折扣。

从我国农业现代化和农业安全战略的顶层设计来看，要遵循综合推进与突出重点兼顾这样一个基本原则。所谓综合推进，就是要在我国农业现代化和农业安全战略的实施过程中，要运用综合性的激励和扶持手段，通过法律制度创新、财政制度创新、政府扶持模式创新、土地制度创新等，支持小农经济向规模化经营和现代化经营转型，支持农村合作经济组织通过全要素合作与全过程合作来提升其农业现代化经营水平和农业社会化服务水平，支持农村集体经济通过集体产权改革和土地制度改革做强做大规范发展，也就是要在本文所述的前三个农业经济主体的转型升级上进行综合扶持；所谓突出重点，就是要将农垦这一中国农业现代化和农业安全战略的"国家队"作为未来战略重点来抓，使农垦这一拥有一亿亩耕地的大规模国有农业企业集团真正发挥农业现代化和农业安全的主力军作用，真正成为党和国家实施农业安全战略的可靠抓手。综合扶持和重点推进，两者不可偏废。

第二章 从历史与现实视角看农垦的核心制度设计与未来战略

> **本章导读**
>
> 农垦系统是我国实现农业产业化和解决国家农业安全的重要载体,但长期以来农垦在国家战略层面和社会认知层面被深度边缘化。本章从我国古代屯田制度的历史经验和教训出发,探讨了屯田史上政府干预与激励机制构建、实施国家战略与市场机制之间的关系。汲取历史经验,我国在农垦核心制度设计方面必须实现几个兼顾,即兼顾实施国家战略与构建灵活的激励机制,兼顾保障农垦体系的国有性质与提高农垦的经营自主性与市场竞争力,兼顾提高农垦的效率和提高农垦职工的福利。本章强调,农垦切忌为市场化而市场化,切忌在市场化过程中忘记"建立应对农业产业化和农业全球化挑战、保障我国农业安全和粮食安全的国家队"这一"初心"。

从我国目前多层次农业经营主体的情况来看,实事求是地说,农垦体系必然合乎逻辑地、历史性地成为解决我国农业产业化问题和国家粮食安全问题的核心依靠力量,农垦必须自觉承担起这一重大历史使命。社会上对于农垦体系实际上基本处于忽略甚至是无知的状态，对于农垦的重要意义、对于农垦的历史发展脉络和逻辑、对于农垦在当今中国农业生产中所占据的竞争地位、对于农垦的产业发展现状等，基本上是极其隔膜的。一个极为庞大且极其重要的产业，在社会公众的观念中竟然如此淡漠，即使在那些受到很好教育、有比较强的社会认知能力的人群中，了解农垦体系的比例也极低，有些人甚至有很多误解，这种状态是非常令人诧异的。对于这一拥有上亿亩耕地、众多优秀农业企业和上市公司的庞大农业产业系统，社会公众认知度如此之低，至少说明农垦在媒体和社会公众中已经被严重边缘化。我曾经说，中国有两大农村和农业系统曾经在中国农业农村发展中发挥了巨大的不可替代的作用，今天这两大系统仍旧发挥着很大的作用，而且将来还会对中国农业农村发展发挥更大更关键的作用，但是这两大系统都被严重忽略了，其中一个是供销社系统，另一个就是农垦系统。一个历史时期以来，农垦系统无论在国家战略层面，还是在社会公众认知层面，都被深度边缘化，这对我国农业产业化战略的实施，对保障我国农业安全尤其是粮食安全，产生了非常深刻的影响。

农垦系统是一个非常特别的农业系统。这个农业系统，是新中国成立以来为解决粮食问题、为边疆稳定、为改造传统农业等国家目标而建立的一整套体系。从历史的角度来说，农垦系统的建立实际上是新中国在工业化和赶超战略的实施过程中一个极为重要的制度后盾，与人民公社制度、供销社制度、农信社制度一起，构成了支撑中国工业化和农业现代化的四个轮子。因此，农垦系统，主要是为中国的工业化服务的一个系统，同时它还承担了传统上屯垦戍边的功能，即保障边疆稳定的功能。要注意，不仅是新疆、西藏、黑龙江、海南等陆海边疆省份有农垦系统，我们大面积的内陆地区都有农垦系统，农垦系统遍及全国，覆盖各个省份，因此，戍边的功能只是农垦的核心功能之一，但不是全部的功能。

农垦的历史渊源，可以追溯到中国古代的屯田制度。屯田的主要目的，是稳定边疆，节约军事开支，可以使边疆戍卒一边从事军事防卫工作，一边从事农业生产工作，一手拿锄，一手持枪，当兵和农耕两不误。屯田制度是我国古代军事经济和国防经济的重大发明，屯田制度将国防功能和农业生产功能融合，对我国大面积边疆地区的稳定和农业开发以至于农耕文明的开展，都具有重要的历史意义。秦朝的屯田制度已经有一定的雏形，秦始皇时期蒙恬曾经在与匈奴的斗争中最早尝试了这种制度，戍卒在长期镇守边关的同时筑城并从事农耕，建立了比较牢固的后勤保障。到了汉代，文帝时为北击匈奴接受晁错建议进行移民屯垦，发展边疆生产，政府对屯田进行各方面（居住点建造、种子和工具的供给等）的政策支持与鼓励，汉武帝在通西域时也实行屯田制度，宣帝时著名将领赵充国建屯田于湟中，以亦兵亦农就地筹粮之法，破解羌人之乱巩固西北边疆。三国时期，曹操的屯田制度颇为有效，官屯和民屯兼备，建立起比较严密的以政府管理为核心的准国有农垦经济体系，对于开荒发展农业生产以及曹操统一北方有重要意义，其管理体制对于后来中国历代屯田制度都有很大影响。

历史上的屯田制度对于今日我国的农垦体系也产生了深刻影响，当然也有很大借鉴和启发意义。历史上的屯田制度，其军事功能和农业生产功能合一，这一体制流衍至今，我们当今的农垦体系也仍然基本沿袭了这一功能定位。屯田制度中核心的制度设计就是集中式的生产方式和较为严密的组织形式，而这种集中严密的生产方式和组织形式是以政府比较严格的介入和大力的支持为基础的，这就不能不使屯田制度带上浓厚的国家干预（扶持）的色彩，或者说屯田制本身就有现代国有企业的一些色彩，尽管不能从产权上完全说是国有经济。这种浓厚的政府干预和国家扶持的特征，以及类似于国有企业制度的制度设计，也对今天的农垦体系有很大影响。亦兵亦农的身份本身，就决定了屯田制度不可能是一个以市场交易和市场机制为核心的制度体系，而必然是一个政府强力介入的经济体系。这一制度本身，当然一方面保障了屯田制度要履行国家义务，要执行国家战略，但另一方面也造成了屯田制度本身的一些问题，尤其造成了屯田制度中政府角色的过重，造成了屯田激励机制的缺失，曹魏屯田制度后期的衰败就与此有直接关系。

历史上的经验和教训都值得汲取。我们今天的农垦改革，实际上还是绕不开这个根本性的问题，即国家和农垦的关系问题，具体来说就是国家与农垦企业、地方政府与农垦企业、农垦企业与农垦职工之间的关系问题，这些关系的正确处理，涉及国家对农垦体系的战略定位，涉及农垦和国家之间的利益关系的定位，涉及农垦体系内部的激励约束机制的构建。实施国家战略与构建灵活的激励机制，必须兼顾；保障农垦体系的国有性质与提高农垦的经营自主性与市场竞争力,必须兼顾;提高农垦的效率和提高农垦职工的福利,必须兼顾。纵观中国历史上长达两千多年的屯田史,这几个关系处理得好坏,直接关系到屯田(农垦)的生死存亡。

随着我国社会主义市场机制的不断完善,农垦系统运行的外部机制有了翻天覆地的深刻变化,金融资本、人力资本和各种投入品要素的配置手段充分市场化了,市场机制的广泛发挥作用为农垦内部的改革提供了历史机遇,同时也给农垦的体制变迁提出了新的时代课题与挑战。农垦改革的大方向是市场化,是在一个市场化的大背景下实现各种要素的更有效配置,原来的僵化的传统体制必然要遭受严重的冲击,在人力资本管理、企业内部治理和企业经营各环节必须建立充分市场化的机制,而能否建立这一市场化机制,决定着农垦体系的存亡兴衰。但是在市场化过程中,农垦切忌为市场化而市场化,切忌在市场化过程中忘记"初心",这个"初心"就是建立一个能够应对未来农业产业化和农业全球化挑战的、能够保障我国农业安全和粮食安全的"国家队"。实施国家战略、履行国家农业安全职能,这个目标,必须与市场化并重,切勿单纯为市场化目标而忘记国家农业安全目标,必须实现这两个目标的均衡。

第三章　中国农垦体系传统体制的历史贡献与"适应性扬弃"

> 本章导读

　　新中国农垦是大规模工业化的历史产物，是新中国利用计划经济体制发展现代农业和保障国家粮食安全的重要尝试和探索的载体。对于社会主义计划经济体制下的传统农垦体制遗产，我们必须给以应有的客观评价，否则就会犯历史虚无主义的错误。社会主义计划经济下的农垦体系的体制优势，正在于它的高度集约化、高度计划化、高度集中化，由此才使得中国农垦发展壮大，取得历史上前所未有的农业效率，并成为保障中国边防安全和国家粮食安全的主力军。现代农垦体制要针对国内外农业市场竞争环境变化，对传统体制进行"适应性的扬弃"。

　　新中国的农垦事业是随着新中国大规模的工业化、快速的经济赶超战略的实施而发展起来的，特别是在新中国成立初期，农垦事业筚路蓝缕，艰难起步，成建制的人民解放军转业官兵开赴边疆省份，再加上大量的支边青年，汇成了大规模边疆土地开发和内地荒原改造的洪流。农垦事业的迅猛开展，离不开军队的功劳。人民解放军这个群体的精神气质、管理模式和运作机制，对农垦有着深刻的根深蒂固的影响，构成了农垦体系精神文化的主体。支边青年进一步丰富了农垦体系的文化。农垦第一代创建者的艰苦奋斗和勇猛开拓，不仅在中国的农业开发史上属于开天辟地的事件，在世界农业开发史上亦属罕见。大面积的边疆土地开发，尤其是新疆生产建设兵团对新疆的开发和中央直属垦区黑龙江垦区的开发，对于新中国成立初期的经济恢复、对于新政权的稳固、对于我国早期工业化的迅速展开，都做出了极为重要的甚至是关键性的历史贡献。新中国成立初期的这一阶段，我国农垦事业发展主要有赖于军队体制，这一体制极为高效，农垦职工的高度自律和极端奉献精神，不仅是传统的农民难以比拟的，就是其他产业领域的职工队伍也很少能与农垦体系的职工相提并论，可以说，农垦体系培养出最具开拓精神和艰苦奋斗精神的产业工人阶级群体，这一群体的形成极为宝贵，对于改造中国的传统农业具有重要的历史价值。

更值得着重提出的是，在新中国肇创之初，随着我国在20世纪50年代中期社会主义计划经济的初步启动（1956年第一个五年计划胜利完成），我国农垦体制作为现代化农业生产的主体，理所当然地成为我国社会主义计划经济体制构建的重要组成部分，也理所当然地成为我国利用计划经济体制发展现代农业和保障国家粮食安全的重要尝试和探索的载体。在这一时期，苏联的计划经济体制以及社会主义集体农场的管理模式，对我国的农垦体制产生了一定的重要影响。今天，我们对于中国农垦体系的计划体制的形成，要给以相当的重视和历史的尊重，要对农垦计划体制的历史作用和贡献给以历史的客观的评价。应该肯定地说，社会主义计划经济体制在现代农业中的尝试和探索，尤其是在我国农垦体系中的普遍应用，对于新中国成立初期的边疆土地开发和内地荒原改造有重要意义，为我国耕地规模的大规模扩张提供了可能性；对于我国农业经营体制突破传统小农体制有重要意义，为大规模使用新型的现代化的农业机械提供了可能性（我国农垦的农业机械装备水平在世界名列前茅）；对于我国农业体系大面积应用并大规模试验开发新的农业科技（包括种子的培育、农业肥料和耕作方式的探索等整个产业链上的科技创新）有重要意义，使我国有可能突破传统小农的困扰而历史性地、跨越性地实现农业科技的巨大进步，这对于我国其他农业主体（包括农民和合作社）都具有极大的技术溢出的效应；对于新中国成立初期粮食供给和其他农业产品的供给（尤其是棉花以及橡胶等大宗战略物资）具有重要的意义，使我国大规模的早期工业化有了可能，满足了当时大面积的工业开发带来的巨大粮食需求和其他农业原料需求。

农垦体系的这些历史贡献，只有在社会主义计划经济体制下才有可能，对于这一体制遗产，我们必须给以应有的客观评价，否则就会犯历史虚无主义的错误，不仅对我们理解农垦的历史有害，而且对我们瞩望和科学规划农垦的未来有害。社会主义计划经济下的农垦体系的体制优势，正在于它的高度集约化、高度计划化、高度集中化，由此才使得中国农垦在艰苦卓绝的自然环境和经济环境中得以发展壮大，取得历史上前所未有的农业效率，并成为保障中国边防安全和国家粮食安全的主力军。如果未来的农垦改革，把农垦改得分散化了，改得碎片化了，那么农垦的体制优势必将消失殆尽，到那时，恐怕农垦作为一个体系的"名"还在，但农垦作为一种体制的"实"已经不存在了，这是值得高度警惕的。《中共中央国务院关于进一步推进农垦改革发展的意见》（2015年11月27日，以下简称《意见》）提出的未来农垦改革的核心原则之一，就是要坚持发挥农垦的体制优势，强调规模化、集团化，要有"大企业"、"大产业"的概念。《意见》中说"农垦农业生产力先进，在现代农业建设中具有独特优势，大力发展农垦经济，对于带动农业农村多种所有制经济共同发展、坚持和完善我国基本经济制度、巩固党的执政基础，具有重要意义"。《意见》着重提出，要"以推进垦区集团化、农场企业化改革为主线，依靠创新驱动，加快转变发展方式，推进资源资产整合、产业优化升级，建设现代农业的大基地、大企业、大产业，全面增强农垦内生动力、发展活力、整体实力，切实发挥农垦在现代农业建设中的骨干引领作用"。《意见》还强调要发挥农垦所有制优势，"坚持国有属性，服务大局。围绕发挥国有经济主导作用，完善国有农业经济实现形式，以农业生产经营为主，走规模化发展道路，构建现代农业经营体系，促进一二三产业融合发展，做大做强农垦经济，更好服务国家战略需要"。这些原则性提法，都是在强调农垦未来改革的方向不是"碎片化"，而恰恰要发挥农垦的体制优势、所有制优势和规模化优势，要打造中国农业企业的"国家队"和"航空母舰"。

当然，党中央国务院强调的规模化、集团化、坚持国有属性、发挥所有制优势等,并不是要农垦回到传统的计划经济体制,恰恰相反,以上这些目标,都必须在一个大的前提下才能实现,即整个农垦经济的发展必须适应我国社会主义市场经济体制的发展。只有坚持市场化方向,才能真正将农垦做大做强。2013年中共十八届三中全会通过的《中共中央关于全面深化改革若干重大问题的决定》,提出使市场在资源配置中起决定性作用,并更好地发挥政府作用,这一表述说明,在新时代,我国的经济运行机制和国家角色正在发生深刻变化。农垦体系不可能自外于市场经济体制而获得发展,农垦体系坚持国有属性、努力实现集团化和规模化等目标,也必须在市场化前提下达成。农垦体系从国有资产管理模式到企业化运行机制(包括企业内部的考核机制、经理人选拔机制、企业激励约束机制以及与外部各类交易主体的关系等),都必须实现市场化运作,而不是依靠传统的高度集中的计划体制来运作。新时代的农垦自始至终都应该被置于一个完全市场化的竞争环境之中,与其他各类企业主体(尤其是其他农业企业)进行竞争,农垦体系只有在与其他微观主体的公平、公开、公正的竞争之中才能显示出农垦的效率和体制优势,这就对农垦的整个运作机制提出了严峻的挑战。客观地说,目前农垦体制在经营效率、市场化运作机制构建、市场竞争意识等方面,还存在着比较大的问题,体制机制的非市场化特征还比较明显,内部僵化的管理模式与外部市场的竞争环境很不协调,市场的适应性有待增强。这一切都表明,我们在农垦改革中,既要发挥原有的国有属性优势、体制优势,不出现"分散化",又要在新的市场经济条件下实现规模化、企业化、集团化，这两个目标要兼得，是非常不简单的，意味着农垦必须在新时代实现内部机制的彻底转型，"化蛹为蝶"，主动适应市场化的外部环境。

在新中国成立初期社会主义计划经济的大背景下，农垦体系与一切国有企业体系一样，发展出适应于早期工业化阶段的一整套运作模式，这一模式的主要特征除了高度的集中与计划之外，另一个主要特征就是企业功能与社会功能的高度统一与融合，用现在的话来说，就是"企业办社会"。"企业办社会"这一体制，有其历史必然性，也有其体制上的独特优势。它在国有体制发展初期发挥了独特的不可替代的作用，保障了农垦体系的稳定性，保障了几代农垦人作为人力资本供给的连续性，降低了农垦职工的生活成本，提高了农垦体系在整个职业市场中的竞争能力，维系了农垦的快速发展。农垦体系逐渐成为一个极为庞大的、无所不包的体系，农垦有自己的教育体系，有自己的医疗体系，有自己完备的社会服务系统，甚至形成了与地方政府管理体系并行的一整套相对独立的行政管理体系（有些甚至有自己的公检法系统），成为一定意义上的"独立王国"。这一体系的形成，早期是一种历史优势，但发展到后来，逐渐成为历史包袱，成为巨大成本的来源，使得农垦的体制优势在一定意义上打了折扣，过度的社会服务功能和行政负担导致农垦的竞争力下降，这也是今天我们审视农垦体制时不得不承认的现实。

因此，回顾农垦体系在新中国成立初期的发展，我们对于传统体制存在的问题也要进行深刻的反思，既要发挥这一体制的优势，又要不断地改造其不合理成分，而这种改造，是一个历史的自然的过程，并不是要彻底否定农垦体系的传统体制，而是要适应不同时代的不同外部条件，同时结合国家对农垦体系的不同定位，来确定不同的变革方案。今天，农垦面临的国际竞争环境、国内经济环境、国家安全形势，都与新中国成立初期有了很大的甚至是根本性的不同，因此，其功能结构和历史使命就必然发生深刻的变化，我们要看到这种变化，而不是继续用刻舟求剑的思维方式来谋划农垦的未来变革，而是要对传统体制进行"适应性的扬弃"。

第四章　中国农垦体系的产业性质、功能结构与剥离"企业办社会"改革

> **本章导读**
>
> 农垦体系兼具市场竞争性质的"非公共品"和非竞争性非排他性的"公共品"两种性质,这就决定了农垦体系改革不同于一般竞争性领域的国企改革。农垦体系是一个包含国防功能、经济功能和社会功能的复合性体系,农垦的市场化改革既要加强市场机制的作用,又要充分发挥国家对农垦的战略支持作用。本章对农垦剥离"企业办社会"的内涵和实施路径进行了深入的讨论,剥离"企业办社会"为农垦发展提供了历史性机遇,但是在执行层面必须鼓励地方创新和模式多元化,要澄清认识误区,使这一历史性的社会改造和体制转型工程能够科学稳健推进,实现农垦与地方的"双赢"。

对农垦体制进行变革的前提是科学认识农垦的性质。分析农垦的产业性质,当然离不开对于农垦所承担的国家使命的理解。作为一个产业,农垦是很特殊的,它既具有一定的市场产品(即一般竞争性市场中的商品)的性质,又具有准公共品性

质。从市场产品的角度来说，农垦体系的产品最终要通过市场来寻求其最终流向，其各种投入品也要从市场渠道来获得供给，因此农垦所提供的产品具有非公共品的性质，即竞争性和排他性。从准公共品的角度来说，农垦承担着重要的边疆安全和国家粮食安全的使命，而保障边疆安全是属于国防的一种服务，国家粮食安全也是国家战略层面的一种公共产品，都带有公共品的性质。因为其带有一定的公共品的性质，所以这些产品（包括国防和粮食安全）的供给仅仅依赖市场机制是不行的，它具有天然的非竞争性、非排他性特征，全体国民都会享受农垦所提供的这两种产品带来的好处和福利，但又不必付费。因此，要想单纯利用市场机制来完全完成农垦所提供的这两项带有公共品性质的产品和服务（国防和粮食安全），是不可能的，也是无效的。从公共品或者准公共品的这个基本原理出发，我们可以断定，农垦的未来改革一定要两条腿走路，既要尊重市场机制，充分地利用好市场机制，对农垦进行比较充分的市场化改革，同时，又要重视国家的作用，国家要对农垦的发展提供支持，要在政策上提供足够的战略保障，因为农垦提供了大量的公共品。

以上关于竞争性商品和公共品的区别的分析，决定了农垦改革的总体思路一定要有别于一般竞争性的制造业领域的企业改革思路。当前，从大环境来看，中央强调要完善社会主义市场机制，要让市场在要素配置中起到决定性和基础性作用，要让政府在资源配置中发挥更好的作用。农垦提供了大量的市场机制难以提供的公共品，为我国边疆安全和粮食安全提供了重要保障。因此，我们一方面要推动农垦的市场化改革，利用市场机制提高农垦效率，推动农垦做大做强，但另一方面，国家在支持农垦发展方面有不可推卸的责任，国家有足够的理由（以及责任）对农垦进行大力度的政策扶持，不能把农垦的一切都推到市场上了事。国家对农垦提供支持，是基于农垦提供了公共品这一事实，而不是在"故意"制造农垦产业与其他领域产业的不平等竞争关系。国家应该像支持航空航天事业一样支持农垦的发展，而农垦发展的重要性和战略高度一点也不比航空航天事业逊色，这是我们在确定农垦改革的顶层设计的过程中必须具备的思想与理论前提。

传统农垦体制的功能结构是复合式的，主要包含三大功能：

一是国防功能。这一功能在新中国成立初期非常重要，在当前的国际局势下，农垦的国防功能尽管有所减弱，但是在若干边疆省份，农垦的国防功能仍然很重要，尤其是新疆生产建设兵团垦区，中央直属垦区中的黑龙江和广东垦区，地方垦区中的内蒙古垦区、福建垦区、广西垦区、云南垦区、海南垦区、西藏垦区、新疆地方国有牧场等，都具有一定保边戍边的功能，不可忽视。削弱垦区的国防功能，其后果是严重的，有前车之鉴，这一点不可不特别申明。未来应该把农垦体系的国防功能与国家国防力量进行有机融合，探索一种有效的共建机制，并相应给以一定的财政支持。

二是经济功能。这一功能既具有一定的市场性，又具有一定的公共产品性质。经济功能就是把农垦作为农业产业的特殊载体来看待，把农垦作为一个市场中的微观主体来看待，也就是要把农垦作为一个企业来看待。但由于农垦是一个特殊的企业（因为承担一定的粮食安全的国家职能），因此它不能完全被视为一个市场化企业，而是应该被视为一个基本由市场机制引领同时又具有一定国家职能的特殊企业单位。就像我国对于军工产业的发展政策一样，既要承认其产业性质和企业性质，因此鼓励其利用市场机制发展壮大，同时也要承认其国家战略功能，在国家政策层面给予大力扶持，包括支持其产品出口、支持其科技创新，通过国家采购和财政支持来扶持其发展。实际上，就农垦承担的国家功能和特殊的企业性质而言，农垦与军工企业具有一定的可比性，两者都是既有经济功能（非公共品）又有国家安全功能（公共品）的企业，因此既要充分运用市场机制以提升其运行效率，同时也不要忽视了国家的特殊支持。一味地强调市场化改革，把农垦置于市场的竞争之中，而忘记了国家在支持农垦发展方面应尽的责任，是一种偏颇的改革思路。

三是社会功能。传统体制下农垦体系的"企业办社会"具有一定的必要性和优势，农垦正是具备了这个优势才具有非常强大的动员能力、严密的组织管理体制和稳定的职工队伍，从而保障了在几十年发展过程中农垦能够较好地履行其经济功能和国防职能；但过度的社会职能则造成农垦的历史性的包袱，使得农垦在市场竞争中逐渐丧失了竞争优势，社会职能增加了农垦的运行成本，使农垦不堪重负，同时农垦的"企业办社会"在一定程度上也对社会公共服务的一体化和公平化造成了一定的消极影响。在农垦发展比较良好的时期，农垦的教育、医疗和社会保障要大大优于地方,农垦成为一个"独立王国"和福利的"高地";但是在农垦发展不太好的时期,在农垦产业竞争力下降的时期,农垦的教育、医疗和社会保障又严重落后于地方,这两种情况都对社会公平和公共服务的均等化供给有一定损害。随着社会主义市场经济体制的全面建立,农垦历史上所承担的教育、医疗、社会保障以及其他公共服务性的功能终于具备剥离的历史条件。这是一个必然的历史趋势。

剥离了大部分社会功能的农垦企业,将轻装上阵,回归其作为一个企业的本来定位,与其他国有企业一样,在市场中进行平等的、公平的竞争。因此,剥离社会功能对于农垦改革意义重大,是农垦改革必须走的一步。但是对这个问题,也不要绝对化,不要一刀切。同时剥离"企业办社会"的功能,并不意味着去除农垦给职工提供的所有的社会福利,更不是不允许农垦企业从提高本企业在人力资本市场竞争力的角度出发给职工提供各种福利待遇。这是两个不同的概念,千万不能混为一谈。农垦剥离"企业办社会"功能,旨在使农垦回归为一个真正的企业,使其不再直接举办和承担教育、医疗、保安等事业,这些事业要交给地方政府去管理和举办。农垦在剥离"企业办社会"之后,就不再自己办学校、办医院等,这些公共品都由地方政府去统一提供。但是这绝不意味着农垦不能为企业职工提供各种各样的福利。在一个正常的市场竞争环境下,不同的企业在职业市场(即人力资本市场)上的竞争力不同,企业为了提高自己的竞争力,为了吸引高层次人才而开展竞争,争相为企业职工提供更好更多的福利,这是企业之间的正常竞争。

越是竞争力强的企业,越是财务状况好的企业,越是重视为员工提供更多更好的福利,以留住好员工吸引好员工,从而在人力资本市场竞争中获胜,比如很多好企业就在自己的企业中为子女尚幼的女员工提供子女托管的服务,从企业竞争的角度看,这是非常正常的。这其实也是一种"企业办社会",不能一概否定。因此我认为,将来在一个正常竞争的市场环境下,所谓的"企业办社会"可能成为一个常态,甚至越是优秀的企业,越是要"企业办社会",因为它能够为企业职工提供更好的社会福利,因而也能够吸引到更优秀的人力资本。今天我们强调剥离农垦体系的"企业办社会"职能,当然是从完善市场机制、减轻农垦体系的企业负担的角度做出的正确选择,但不要一刀切,不要认为农垦企业为职工提供必要的社会福利就是"企业办社会"。这一点必须在思想上加以澄清,如此在政策执行过程中才不会出偏差。

同时,在剥离"企业办社会"的过程中,要因地制宜(依据各地情况来精准施策),也要因企制宜(依据不同农垦企业的不同情况精准施策),循序渐进,给农垦企业和地方政府一个较为从容的筹备(剥离方案的充分论证和科学策划)、组织(对相关利益方进行充分的动员和协调)、处置(对剥离出来的学校和医院等机构的资产和人员进行合理的处置与安排)的时间,要有一个缓冲周期,不可过于激进和冒进,制定不合理的时间表。须知,剥离农垦体系半个多世纪形成的"企业办社会"职能,是一项极为错综复杂、难度极大的社会工程,意味着整个社会组织体系的重建和社会运作机制的重构,是一个重大的社会改造工程，需要极为细致的工作，需要一种"历史耐心"。目前，农垦体系的剥离"企业办社会"工作正如火如荼地在全国各地进行，希望各地在充分论证、合理组织、科学实施、周密安排的基础上，不断总结试点经验，允许模式的多元化，允许地方创新，使这一历史性的体制转型工作善始善终；要最大限度地减少社会摩擦和社会震荡，最大限度地提高社会公共服务的公平均等度，最大限度地降低地方政府的财政压力，最大限度地提高被剥离出来的各类教育和医疗机构的运行效率和可持续发展能力，最大限度地达成农垦和地方的"双赢"效果，为历史和人民交上一份满意的答卷。

第五章　中国农垦体系改革历程：路径、成就和挑战

> **本章导读**
>
> 改革开放之后，我国农垦体系在激励机制和运行体制方面进行了长期的探索。1978年至1992年农垦体系的承包制和放权让利改革在一定程度上提高了职工积极性和农垦企业的自主性，但承包制本身在顶层设计上存在着较大的历史局限，使农垦的农业现代化水平和农业社会化服务水平有所降低。1992年至2001年农垦改革确定了从行政化管理体制向集团化和企业化过渡的总方向，是一个历史性的进步，但"四到户"改革与农垦集团化并不耦合。近十几年尤其是2015年之后农垦改革进入快车道，竞争力和效率迅速提高，但仍旧面临着地位边缘化、经营碎片化、产权单一化、经营体制僵硬化、功能复杂化、产业偏移化等六大问题和挑战。

改革开放之后，我国农垦体系经历了四十年跌宕起伏，在体制变革上不断探索和尝试。从1978年至1992年，尤其是80年代初期的一段时间，农垦改革的主要思路是模仿当时国有企

业改革以及农村经济体制改革的思路,进行放权让利和承包制改革,试图在改善分配机制和激励机制上突破传统体制。放权让利的目的是给农垦企业(农场)更多的经营自主权和更大的行动空间,从而激励农垦企业(农场)根据自己的资源禀赋条件和当地市场的状况而改善经营、提升市场竞争力,而承包制改革的目的是让农垦企业(农场)职工的收入与自己的劳动更直接地挂起钩来,打破原来的大锅饭体制。这些改革尝试,受到当时农业体制改革尤其是联产承包责任制改革所释放的巨大能量的鼓舞,并没有考虑到农垦体系特殊的产业特征和运行特征,也没有对农垦的制度变迁进行较为深入系统的顶层设计,因此在短暂的热情之后,农垦体系的承包制改革就陷入了困境。改革开放初期的国有企业改革也几乎做出了雷同的路径选择,放权让利和承包制改革在农业中的成功实践让当时的改革推行者在改革初期天真地相信"一包就灵"。

20世纪80年代这些以利益的局部调整和激励机制的局部改善为特征的农垦改革,虽然在一定程度上、在一定历史阶段调动了一些职工的积极性,使农垦企业的自主权有所提高,但是其成效是非常有限的,"边际意义"上的改革没有触动农垦体制中的产权结构和管理体制这些带有根本性的问题,农垦身上背负的巨大包袱也没有得到及时的"卸载",从这个意义上说,农垦体制的改革实际上大大落后于一般工业领域的国有企业改革在后来的改革步伐。农垦改革的设计者在改革路径选择上存在着明显的时代局限,他们看到了改革的必要性,却没有真正深刻认识到农垦的本质和使命所在,因此在改革开放之后十几年的时间中，农垦体系一直陷入承包制的思路而没有大的突破。在一些农业现代化程度高、农业装备水平高、农业社会化服务水平高的垦区，由于实施了承包制改革，在短时间内将原有的高度现代化的机械装备进行了处置，从而从根本上放弃了农垦的高度现代化和机械化的农业生产方式，承包制下的职工在自己的小地块上开始了"传统"的小农劳作，使农垦的农业机械化和装备水平大大下降，几十年中形成的高度现代化的农业社会化服务体系也瞬间坍塌，给农垦体系的发展造成了严重的影响。这一阶段改革的教训极为深刻，值得汲取。

1992年至2001年间，农垦管理体制和内部制度安排有了较大的变化，明确了农垦体制要从行政化管理体制向集团化和企业化过渡这一改革总方向，这是一个明显的进步。农垦要从政府职能中解放出来，这是当时农垦各界的共识。由于将大量的精力陷于应该由政府关注的公共服务领域，比如教育、养老、社会保障和社会救济、医疗卫生等，农垦企业对于改善企业经营的关注被严重削弱，在1992年中国确定要建立社会主义市场经济体制之后，农垦在体制上的不适应更加突出。当农垦外部的环境正在变得越来越市场化的这个历史时期，农垦内部的运行体制还保留着浓厚的计划经济特征，其担负的庞大的政府职能在很大程度上束缚了农垦的发展。农垦的以去行政化为目的的管理体制改革在90年代有了一定的进展，但从总体来看，这一问题仍旧严重地存在于各大垦区。

这一时期继续推行的所谓"四到户"（承包到户、核算到户、盈亏到户、风险到户）的承包制改革，实际上与集团化和公司化的发展战略并不"耦合"，微观经营主体的分散化与农垦体制的集团化之间包含着内在的悖论，农垦的体制优势在"承包到户"的思想指引下也基本上丧失殆尽。这种亦步亦趋模仿家庭联产承包责任制而不顾农垦体系作为"社会主义大农业"主力军地位和保障国家粮食安全的"航母"地位的改革模式，被证明是不成功的，给农垦体系带来巨大的消极影响。同时，承包制下农垦的行政职能与企业职能的混合问题仍然没有得到彻底解决。

2002年之后，尤其是2015年之后，农垦体制开始了比较深刻的集团化和产业化改革，尤其是2015年中共中央和国务院出台了《进一步推进农垦改革发展的意见》，明确了未来农垦改革的主导方向，农垦改革进入了快车道，也进入了一条康庄大道。这几年，农垦体系得到比较迅猛的发展，农垦体系的农业总产值、利润总额和上缴税费等指标都有比较显著的增长。可以肯定地说，从总体上，农垦体系已经走过了最为艰苦的低谷阶段，而进入了一个比较顺畅和平稳的发展阶段和比较深刻与综合的深化改革阶段。而且可以更肯定地说，走过这一深化改革阶段之后，我国农垦体系将必然再次发挥出巨大的体制优势，在中国农业产业化和保障粮食安全方面发挥更大的作用，在国际农业竞争中日益体现出自己独特的竞争优势。

当然，当下的农垦体系还存在着若干问题，有些问题还比较棘手和尖锐，需要全社会予以关注，需要进一步的学术研究以深刻揭示存在的问题并探寻解决之道，需要更为综合和科学的顶层设计。大而言之，我国农垦体系的问题和挑战主要体现

在以下六个方面:

第一是地位边缘化。在很长一段时间中,农垦在我国公众、学术界、媒体以及决策层的地位被严重边缘化了,这导致农垦这个拥有近一亿亩耕地、近三百万职工队伍的庞大的体系,在社会上几乎没有任何声音,绝大多数人对农垦这个词极其陌生,绝大多数人对农垦现在是否还存在并不明了。在决策层面,我们对于农垦的战略地位在很长一个时期中有所忽视,没有意识到农垦的重要地位,对农垦的认识缺乏战略高度,这在一定程度上使农垦体系的改革和发展大为滞后,几乎成为国有经济体系中改革最为迟缓的领域。同时,决策层对农垦体系可以发挥的"与全球垄断资本主义粮食厂商进行有效竞争从而保障国家粮食安全"的重要作用没有清醒的认识,从而在国家粮食安全层面以及培植我国具有国际竞争力的粮食企业方面,丧失了一些宝贵的历史机遇。这些教训都是值得汲取的。搞社会主义市场经济,是不是就一定要把这些对中国的国计民生极为重要的国有部门边缘化?当然不是,肯定不是,相反,我们还要运用一切创新手段将这些关系国计民生的、承担重大国家使命的国有部门做大做强。十九大提出要深化农垦体制改革,就是要扭转农垦的这种被边缘化的局面。

第二是经营碎片化。这是我们在 1978 年至 2001 年左右二十多年的时间中,对农垦进行"承包到户"的承包制改革的后果。农垦这样一个在农业生产方面具备极大的规模化优势的现代社会主义大农业,却模仿农村家庭联产承包制的做法,将其改革方向定位于单干的小农,使农垦的巨大机制优势难以发挥，使农垦的现代化农业倒退回单一农户生产，使农垦的经营严重碎片化、分散化，这是一个历史的倒退，对我国农垦体系的发展产生了很大的负面效果。经营碎片化之后，整个农业产业链的规模化优势丧失殆尽，科技研发、机械化以及产供销一条龙的综合化农业服务被削弱，粮食生产的国际竞争力被削弱。2015年中央提出了集团化和产业化的基本改革思路，是对经营体制碎片化的及时矫正。

第三是产权单一化。农垦是国有经济的重要组成部分，其所有制结构应保持稳定，但这并不意味着农垦体系不能进行一定的产权改革。当前，国有企业的混合所有制改革正在深入推进，这对于国有企业的产权结构多元化和内部治理结构规范化都有很大的促进作用。长期的产权单一，使得农垦的激励机制和约束机制都比较僵化，内部治理机制效率较低，决策的科学性和应对市场变化的能力也比较低。因此，在合理的范围内进行混合所有制改革，尤其是引进一些在农业生产领域有一定实力的战略投资者和社会资本，对于农垦体系完善经营机制、改善公司治理结构、提高决策效率等均有重要意义。当前农垦体系的股权多元化试点工作正在展开，但是在这个过程中，要严防国有资产流失和变相的私有化。

第四是经营体制僵硬化。农垦长期以来形成的管理体制，既有早期军事管理体制的影响，也有后来行政化管理体制的影响。应该说，这种传统管理体制的形成，是历史性的，有其历史的必然性，也发挥了应有的历史作用，不能全盘加以否定。但是农垦作为一个产业部门的企业性质与作为一个行政管理机构的政府性质，一定要加以分离，否则，一身两任，必然会影响其长远发展。经营体制僵硬化的弊端之消除，要与农垦剥离社会管理职能相结合，2017年以来的农垦改革正是以此为重点和核心。把一切政府和社区的功能还给政府和社区，把一切企业和产业的功能还给农垦，这是当前改革的本质。未来在很长一段时间内，都要理顺农垦与当地社区的关系，理顺农垦与地方政府的关系，这里面财政收支和权能划分是关键环节。

第五是功能复杂化。农垦在历史上形成的经济功能、社会功能和国防功能的合一，在特殊时期扮演了极为重要的历史角色，应该给以历史的正确的认识。当然，随着我国社会主义市场经济体制的逐步完善，农垦的这种功能复杂化的情况，对于其企业绩效的发挥，对于其管理体制的理顺，已经产生了比较大的消极作用。因此，适时地对农垦的功能结构进行重新理顺，是必要的。不可否认，在我国大面积边疆省份和海防省份中，农垦的国防功能在一定程度上还存在，但是即使在这些省份，农垦的国防功能的发挥机制和运行方式，与新中国成立初期的几十年也有深刻的、重要的差异。这也要客观承认，否则在农垦的企业化和集团化改革中，我们的很多政策就会有偏颇。所以既要重视农垦的国防功能，同时又要以新的历史眼光和新的定位来看待这种国防功能，不能一概而论。而在非边疆省份和非海防省份，农垦的角色和定位就比较单纯，企业化的成本和阻力就小些。社会职能当然在当前也要进行比较彻底的分割，而且今天从财政体制和国家经济实力来说也有了彻底剥离农垦社会功能的基本条件和可行性。因此，农垦在未来的改革趋势是企业化，是回归其作为企业的本质，严格来说，它是一种担负中国农业产业化和农业安全的特殊的社会主义国有企业。

第六是产业偏移化。在农垦改革的过程中，我们不能不看到，有些农垦企业出于市场竞争和利润的压力，选择了农业以外的其他领域。从市场的角度来说似乎也无可厚非，一定的经营多元化有利于企业的发展。但是，我们要警惕一些农垦企业完全脱离农业产业而搞所谓的多元化经营，由于偏离了农业产业，一些农垦企业已经不能担负农业产业化和农业安全的使命，这种趋势是非常有害的，必须在实践中加以注意并及时纠正。

第六章　农垦体制改革必须处理好四大战略关系

> **本章导读**
>
> 在农垦改革深化期和攻坚期，农垦体系的垦区集团化、农场企业化、剥离"企业办社会"职能等改革措施迅速推进。为保障农垦改革稳健推进，必须处理好四大战略关系，即协调和明晰农垦与中央政府之间的关系、理顺农垦与地方政府的关系、整合和重塑农垦内部各企业之间和农垦体系各产业链之间的关系、重塑农垦企业和农垦职工的关系。在这四大战略关系的调整与重塑过程中，要因地制宜，进行系统的制度创新和顶层设计，以最大限度地降低社会制度变迁成本，并重构农垦的体制优势，稳步推动农垦体系的集团化和市场化改革。

农垦在中国特色农业经济体系中扮演着特殊的角色，2015年11月27日《中共中央国务院关于进一步推进农垦改革发展的意见》（以下简称《意见》）中指出："农垦生产力先进，在现代农业建设中具有独特优势，大力发展农垦经济，对于带动农业农村多种所有制经济共同发展、坚持和完善我国基本经济制度、巩固党的执政基础,具有重要意义",这一判断是极其正确的,是一个对农垦具有战略高度的准确定位。对于农垦的历史使命和改革趋势,《意见》指出:"新形势下农垦承担着更加重要的历史使命。当前和今后一个时期,我国农业发展资源环境约束不断加大,国际农业竞争日趋激烈,保障国家粮食安全和国家农产品有效供给的任务更加艰巨,维护边疆和谐稳定的形势更加复杂。农垦农业生产经营规模化水平较高,综合生产能力强,农产品商品率高,科技成果推广应用、物质装备条件、农产品质量安全水平、农业对外合作等走在全国前列,一些国有农场位于边境地区,在国家全局中的战略作用更加突出。必须适应新形势新要求推进农垦改革发展,努力把农垦建设成为保障国家粮食安全和重要农产品有效供给的国家队、中国特色新型农业现代化的示范区、农业对外合作的排头兵、安边固疆的稳定器。"这一改革目标的确定,谋划了未来农垦发展的大方向,扭转了很长一段时期农垦改革步伐滞后、农垦地位边缘化、国家对农垦的战略定位模糊和政策支持减弱的局面,说明国家从顶层设计的高度,深刻认识到农垦体系在我国农业体系中的关键作用,最高战略导向对头了,其他的具体战术措施就比较清晰了。在一些关键时刻,在一些关键问题上,农垦作为农业的"国家队"和"主力军",作为参与全球农业竞争的"排头兵"和安边固疆的"稳定器",是能够召之即来、来之能战、战之能胜的,是国家可以依靠也敢于依靠的一股强大而重要的力量,无论如何我们也不能忽视农垦这一重要力量。

当前,农垦改革进入深化期和攻坚期,按照中央的统一部署，农垦体系的垦区集团化、农场企业化、剥离企业办社会职能等改革措施将在比较短的时期内完成，社会职能剥离更是要求在2018年内全面基本完成，这对农垦未来飞跃发展提供了强大的动力。目前，有四大战略关系的变革与调整最为关键：

第一大关系是协调和重塑农垦与中央政府之间的关系。农垦体系是关系到国家最高战略利益（国家农业安全）的一个产业体系，因此国家必须对农垦的改革与发展进行战略级别的统筹规划，确保农垦在改革发展中能够更加胜任国家赋予的战略使命，而不是相反。从产业归属来看，农垦归农业农村部统一管理，农业农村部应该把农垦的改革发展置于极为重要的战略位置来看待，在农业农村整体战略考虑中凸显农垦的重要战略地位和国家最高战略利益，要在整个社会中扭转农垦被边缘化的状况。

从国有资产监督管理的角度来看，农垦属于国资范畴，因此国资委对于农垦体系中国有资产应该进行统筹监管，确保农垦体系的国有资产不流失，不被变相低价转让，不出现国有资产的缩水，确保农垦体系国有资产的保值增值。要把农垦纳入国有资产管理体系，进行严格的规范的考核和监督，对农垦的各种产权改革、清产核资过程、农垦的资本流向等，要进行严格的过程监督和结果审查。这一点对于农垦的规范化运作极为重要，对于农垦体系国有经济的发展壮大极为关键。当前，我国农垦体系国有资产管理架构正在逐步完善和规范，未来有必要建立全国统一的、完备的、基于互联网的农垦国有资产管理信息的传递、查询、监督和汇集系统，以便于监管部门通过这个实时监控系统,对农垦体系的国有资产交易和变动进行及时的监管与把控。未来还应该仿照我国一般国有企业中国有资产的管理方式,从"管资产"(实物形态的资产)转化为"管资本"(资本形态的资产),应在农垦体系内广泛建立区域性的农垦资本运营公司,对辖内各类农垦(集团)企业的国有资本运作进行统筹协同运作,确保国有资本的规范化经营,确保国有资本的保值增值,各地区的农垦资本运营公司接受国资委的统一监管。

中央政府还要通过财政、税收以及其他方式,促进农垦的改革发展,支持农垦体系进行产业升级、技术进步和集团化转型。国资委、财政部、农业农村部、科学技术部、人力资源和社会保障部等部门,应该发挥协同支撑作用,支持农垦体系的集团化改革、农业技术创新、农业机械化水平和装备水平提升、人力资本培育和社会保障体系的完善,让农垦能够平等享受各部委的政策红利。

在协调中央政府和农垦的战略关系的过程中,根据地方垦区和中央垦区的差异,厘清其各自的管理方式,制定差异化的制度框架。对于地方垦区,应给地方政府更大的话语权,允许地方垦区根据自己的区域经济社会发展情况制定相应的垦区改制和发展政策,中央政府不再在具体的政策层面进行介入。对于中央垦区,中央政府应切实担负起责任,在财政支持、协调垦区与地方的关系、人才引进、技术创新等层面,给中央垦区以切实的支持和帮助。对于一切较为发达的中央垦区,要采取针对性的特殊的改制政策。尤其是一些集团化效果比较明显、竞争实力较强、规模经济效益明显、经营区域完整且面积广大的中央垦区的农垦企业，可以考虑直接改制为中央企业，其资本运作、企业管理运营、人事安排和绩效考核等，直接按照央企的政策框架来处置，使这些现代化的大型农业集团真正能够上升到央企层面享受相关的政策红利，并接受相应的更为规范的考核管理。

第二大关系是理顺农垦与地方政府的关系。这是一个极为复杂的系统工程，也是近年来农垦改革最为难啃的"硬骨头"。农垦企业化的目标模式，意味着农垦回归作为一个企业的本质，意味着农垦必须剥离自己身上担负的社会服务的附加功能，将地方政府应该承担的各种公共品供给的责任还给地方政府，诸如教育、医疗、交通、优抚、计划生育、广播电视、水电供应、民兵训练、综合治理等功能，要全部归还地方政府，如此就可以彻底解决农垦社企不分、政企不分的问题，使农垦轻装上阵。当然，这一任务十分繁重和琐细，涉及大量的农垦与地方政府的协调问题，各地应本着从大局出发的原则，在机构设置、编制设计、农垦人员安置、剥离社会功能的经费保障等方面，进行有效协调，确保这一任务有序、有效、如期完成。同时，正因为协调与地方政府的关系问题是一个极为复杂、高度综合的系统工程，因此在实施过程中也要注意因地制宜，针对不同的区域经济发展特点、针对不同的农垦企业发展特点，制定相应的剥离社会服务功能的方式和政策，在顶层设计方面不宜一刀切，要更尊重各垦区的意见并倾听当地地方政府的呼声。当前农垦体系剥离"企业办社会"功能的工作正进入一个非常关键的时期，必须以非常慎重的态度稳步推进，避免出现各类社会震荡和社会摩擦，避免出现加剧地方政府与垦区矛盾的情况，避免当地垦区职工福利下降的情况。尤其对于那些农垦经济情况大大好于地方的区域，在实施改制和剥离企业办社会功能的过程中，要注意改革步骤的科学把握和稳健实施，不可操之过急，以防将来出现反复。笔者在一些经济发展状况较好、现代农业科技水平较高、社会福利和社会服务较好的垦区了解到，在半个多世纪的积累和大力投入下，这些垦区在医疗、民政、中小学教育、群众文化体育等方面，都有了巨大的长足的进步，这些垦区的公共服务和社会福利水平远远好于地方，使垦区和地方的公共服务和社会福利出现明显的差异。这是一个客观现实，从某种程度上来说也是垦区体制优越性的一种体现，是垦区在几十年的奋斗和大力投入下才出现的结果，不能简单地视为垦区和地方的不平等。因此在剥离"企业办社会"功能的过程中，在将垦区的社会服务体系移交给地方的过程中，要考虑到这个基本的现实问题，要考虑到地方政府的财政实力和接盘能力。笔者在实际调研中了解到，在存在此类情况的农垦地区，农垦管理者和职工普遍对未来向地方政府移交社会管理体系（尤其是教育、医疗）充满疑虑、担忧甚至抵触情绪，对移交后的垦区教育和医疗水平抱有消极看法，这一点希望能够引起决策者的高度重视，要倾听基层的呼声，把剥离"企业办社会"功能这一战略性工作做得更加稳健，万勿出现农垦和地方"双输"的效果，而要达到农垦和地方的"双赢"。

在剥离农垦体系的社会功能的同时，我们也要注意，地方政府对于农业农村的各种普惠性政策，农垦也要平等享受，地方政府在考虑区域发展战略时，不能排斥和忽略农垦体系。地方政府的基础设施建设和其他城镇化推进战略以及乡村振兴战略，也要把农垦纳入其中，进行重点扶持，发挥其在农业农村发展中的独特作用，不要在政策上和财政上把农垦继续视为一个"独立王国"而不加支持。

在处理农垦和地方政府的战略关系的过程中，还要注意发挥农垦对地方的辐射效应，要创造一种体制机制，鼓励农垦积极为地方经济发展服务。尤其是在那些农垦农业现代化生产水平较高、社会化服务水平较高的地区，要促进农垦和地方政府之间的经济和社会的协同、共赢发展，将农垦的高科技、农业生产经营方式、较好的社会服务资源（医疗和教育等）向地方辐射和输送，发挥农垦的体制优势，提升其"溢出效应"，这样一方面可以提升地方的农业生产经营水平和科技水平，另一方面也可以促进农垦优势资源尤其是教育和医疗资源向地方的输送与流动，促进农垦和地方的公共服务和社会福利均等化，避免两极分化。

第三大关系是整合和重塑农垦内部各企业之间的关系，整合和重塑农垦体系各产业链之间的关系。处理这一关系的大方向，就是大力推进农垦的集团化改革，推进资源和要素的有效整合。习近平总书记2018年9月25日在视察黑龙江农垦总局建三江管理局时强调，农垦改革要坚持国有农场的发展方向。这一农垦改革思想的提出是非常及时的，也是一个高瞻远瞩的战略指向。农垦未来改革的目标，不能把农垦的国有农场体系改散了（碎片化），而要发挥国有农场的体制优势，重塑凝聚力，以集团化为突破口，加大力度整合农垦体系各种资源，使集团化之后的农垦国有农场体系的规模效应更加突出，运行机制更加灵活，要素整合与对接更加有效，产业化优势更加突出，产业链各环节之间的互补融合机制和要素配置机制更加顺畅。集团化改革要以资本为纽带，本质上是资本的整合，是产权结构的调整。要以资本整合为切入点，打造一批大型农垦企业集团，并突出各自的产业优势和技术优势。在一个区域内，要以具备竞争优势的农垦企业为龙头，通过资本的纽带，整合区域内其他农垦企业，打造农垦企业集团。农垦以资本为纽带的集团化改革，还包含着有效吸引各种社会资本的参与，可以以混合所有制改革为切入点，稳健推进农垦集团的股权多元化改革，尤其是要引进在农业生产和加工各环节具备比较优势的战略投资者，如此则不仅促进了农垦集团的股权多元化，增强了农垦集团的资本实力，而且可以极大地改善和推进农垦企业内部法人治理结构，完善和规范决策机制，使农垦体系的市场化运作经营机制得到重塑。

第四大关系是重塑农垦企业和农垦职工的关系。20世纪80年代以来，农垦体系改革的核心，就是重塑农垦企业和农垦职工之间的关系，早期的农垦承包制改革使农垦职工获得了一定的经营自主权和经营积极性，但是在改革过程中也导致农垦经营规模效应弱化甚至消失、农垦企业社会化服务不足、农垦体系农业技术和农业机械化水平下降等消极后果。进入21世纪之后，农垦体系的市场化和集团化目标内在地要求农垦经营改变原来的碎片化和分散化体制，而走向更加具有规模效应的新体制，这就需要再次调整农垦企业与农垦职工之间的关系，打破承包制带来的体制弊端，使职工的农业生产积极性提升和现代农业生产的规模效应提升这两个目标能够兼容。农垦企业需要再次提升农垦职工的组织化水平，通过农业生产过程的全方位托管模式、鼓励职工组建合作经济组织、构建社会化大农业服务体系等方式，使农垦职工能够从低下的个体的劳动生产技术中解放出来，借助农垦企业的规模优势、组织管理优势、技术优势、服务优势和市场拓展优势，在农业生产的全产业链上提升农垦职工的生产经营水平，从而大规模改善其收入和福利状况。

第七章　农垦体系双重功能结构与差异化改革模式

> **本章导读**
>
> 　　从新中国成立初期的国有大农业体制的探索,到改革开放之后以放权让利改革、综合配套改革以及产业化、集团化、股份化改革,新中国农垦体制经历了一个长期的演变过程。国有农垦体系既有农业现代化功能,又具备国家粮食安全和边疆稳定功能,在设定国有农垦体制改革路径时,应该以"兼顾特殊性"和"适用普遍性"为原则,实现"农业现代化、农业产业化功能"与"国家农业安全和安疆固边功能"双重功能的兼容,并做好"三个区分",根据农垦体系的多层次结构来制定差异化的改革目标和改革模式。农垦改革既要锐意创新,又要因地制宜、分层施策,做到务本致远。

一、农垦改革要遵循两个原则、兼顾双重功能、做到三个区分

　　从新中国成立初期的国有大农业体制的探索,到改革开放之后的放权让利改革、综合配套改革以及近期的产业化、集团

化、股份化改革，新中国农垦体制经历了一个长期的演变过程。对于农垦改革的基本思路，我们在《双重功能视角下国有农垦体系改革目标设定与路径选择》一文中曾经提出"兼顾特殊性"和"适用普遍性"两个原则。① 所谓"兼顾特殊性"，即要从农垦体系所承担的保障中国农业安全、粮食安全和安疆固边的特殊性出发，来确定未来农垦的改革方向，所有改革均应有助于农垦体系实现这些目标。所谓"适用普遍性"，即把农垦企业作为普通的市场竞争主体来看待，未来所有改革都应增强农垦体系适应市场竞争的能力，要提高农垦体系的市场化水平和企业活力。这两个原则应该是兼容的，不是相互排斥的，不能偏废。既不能以农垦的特殊性为理由，继续以前传统的管理模式、产权结构和治理模式，从而使农垦难以适应市场竞争的要求，尤其是难以适应全球农业市场的激烈竞争，从而使农垦丧失了作为一个企业在市场中应有的竞争力；但是也不能因为市场化、企业化而忘记了农垦承担的农业安全和安疆固边功能，不能通过市场化和企业化改革之后反而把农垦的体制优势改没了，这个思路也是不对的。

农垦改革还要兼顾双重功能的实现，也就是一方面要保障农垦能够实现农业产业化和现代化功能，另一方面还要保障农垦作为国家粮食安全和边疆安全稳定器的战略功能的实现。从农业产业化和现代化功能来看，尽管从耕地面积、粮食作物播种面积、粮食产量占比、农业总产值的角度来说，农垦农业在全国农业中所占比重基本处于 3%—7% 的水平之间，但是从机

---

① 可参考王曙光、呼倩：《双重功能视角下国有农垦体系改革目标设定与路径选择》，《社会科学辑刊》2018 年第 4 期。

械化水平、信息化应用、育种优势、农业产业化龙头企业集群发展和辐射带动等方面,农垦却走在全国农业前列。因此,相比农村集体经济、农户家庭经济、农民合作经济,国有农场天然具有实现农业产业化和现代化的规模优势和政策优势。在全球农业市场化的大背景下,农垦企业要获得可持续发展,就必须接受全球农业市场的优胜劣汰,在全球农业竞争中具备较高的竞争实力。因此未来农垦产业化是农垦发挥自身规模优势、实现资源整合并产生示范效应的发展目标,农垦市场化是农垦适应现代经济体制、增强竞争实力的重要手段,而公司化、集团化和股份化则是农垦分担市场风险、创新体制机制的制度保障。从国家农业安全、粮食安全和边疆安全战略功能来看,农垦在中国整体的国家战略布局中具有极为重要、极为特殊的战略地位,农垦是保障国家农业安全、粮食安全和重要战略农产品有效供给的国家队,同时农垦不可忽视的安疆固边的职能,对我国边疆的稳定与民族地区的发展具有重要意义。我们在前面多章内容中谈到农垦在农业安全和粮食安全中的重要战略地位,此处不再赘述,在这里我们想特别强调一下农垦在维护国家边疆安全和对少数民族地区和边远落后地区经济文化发展中的促进作用。农垦自创建之初就承担着建设边疆、保卫国土、民族团结、维护统一的独特作用。我国农垦共有288个边境农场,这些边境农场分布在新疆、黑龙江、云南、内蒙古、吉林、广西、辽宁、西藏等垦区,面积近20万平方公里[1],占陆地沿边

---

[1] 曲晓飞:《加强农垦边境农场建设的对策建议》,《中国农垦》2015年第2期,第24页。

地区总面积的 10% 左右，边境线长 5700 多公里，占陆地边境线总长 25% 左右[①]。除了生产职能，边境农场承担着维护边境安全、繁荣边疆经济、促进民族团结以及反恐、禁毒、阻止外来动物疫病和外来物种入侵等重要职能。因此，从国家安全的角度来看，农垦既是农业安全的排头兵，又是安疆固边的稳定器，构成国家粮食和边疆安全的重要屏障。

以上农垦的双重功能，既存在矛盾性，又存在兼容性。农垦的农业产业化和现代化功能的实现途径是市场化。实现农垦农业产业化和现代化的示范效应，必然要整合多种优势资源，开展国际合作或者直接利用外资及其技术，而粮食安全和边疆安全则涉及国家战略问题。因此双重功能结构之间的关系在某种程度上可以归结为市场化与国家安全之间的关系问题。农垦进行市场化改革与国家安全战略功能之间的矛盾并非不可调和，要尽力做到市场化与国家战略的兼容。而要达到这种双重功能兼容的目标，就要注意做好"三个区分"：一是区分垦区。不同垦区的情况差异很大。比如新疆生产建设兵团既不同于黑龙江、内蒙古等商品粮垦区，又不同于广东、海南等以橡胶生产为主的热作垦区，与内陆地方管理垦区更是不同，新疆生产建设兵团的社会性和政治性突出，因而本质上是兼有生产功能的行政、军事社区。而上海和北京等垦区都是市场化程度比较高，其市场化属性比较明显，而其行政、军事等功能几乎不存在，这些

[①] 农业部：《288 个农垦边境农场成维护边境安全重要屏障》，2015 年 12 月 7 日，http://news.china.com.cn/2015-12/07/content_37252214.htm，2017 年 10 月 31 日。

不同情况的垦区改革不能套用一个模式。二是区分边境农场与内陆农场。边境农场担负着维护边境安全的重要职能，在资本引入和功能开发上均不同于内陆农场，要把安疆固边作为一个重要的考量。三是区分行业。除了国有农牧场，农垦系统还拥有一批诸如工业、建筑、运输、商业类企业。由于农垦企业性质特殊，一些行业承担着战略任务，而有些行业本身市场化程度很高。因此在进行市场化改革过程中，应该对农垦企业行业属性加以区分，以引进先进技术和管理模式为导向，根据行业特征有选择地引入优质民营资本，循序渐进，最大程度实现农垦企业效益提升。

二、中国农垦体系多层次结构与差异化改革

中国农垦体系是一个比较复杂的多层次结构，因此在改革过程中，要根据不同层次的结构，制定有针对性的、差异化的改革目标，实施差异化的改革模式：

第一，从企业管理层次来说，要分清集团层次与其下属企业以及生产基地之间的关系，进行清晰的目标定位，制定相应的改革模式和目标。目前，黑龙江、广东、北京、天津、上海、江苏、安徽、湖北、广西、海南、重庆、云南、陕西、甘肃、宁夏、广州、南京均成立有负责全区农垦运作管理的企业集团。此外，新疆、黑龙江、北京、上海、江苏、海南、甘肃分别拥有上市公司，其中新疆和上海农垦上市企业最多，分别多达16家和5家。除了新疆之外，拥有农垦上市企业的垦区均成立有

企业集团,负责垦区整体运作和经营管理。

事实上,农垦的企业管理层次应至少包含两个层面的内容。借鉴厉以宁(2015)提出的"集团母公司—专业子公司—生产基地"的改革思路[①],企业集团建立国有资产投资公司,由其负责该垦区国有资本的配置和保值增值,只对国有资本的投资效率负责,而企业集团的下属子公司则负责垦区的具体业务和经营活动,对具体经营事项负责。

第二,行业结构和市场竞争性层次。农垦系统企业类型齐全,表明农垦作为经济社会单位而非单纯农业生产基地,显示出社区性和综合性的特点,这也恰是农垦实现农业产业化的基础条件。与此同时,考虑到农垦是现代农业体系的重要组成部分,具有特殊的经济社会属性,农垦改革过程中也需要兼顾农牧场数量下降和结构均衡两个方面,确保农垦保障国家粮食安全作用的发挥。

从目前农垦的行业构成来看,新疆生产建设兵团垦区以农牧场、建筑企业和商业企业为主,一方面由于新疆地处我国西北边缘,受我国渐次改革开放战略影响,民用工业企业相对东中部地区发展稍显滞后;另一方面同样由于地处西北边陲,与俄罗斯、哈萨克斯坦、蒙古、印度等欧亚国家接壤,在对外开放上具有地缘优势,建筑企业和商业贸易企业走出去相对便利。黑龙江和广东垦区作为中央直属垦区,农垦国有企业中运输企业数量居多,几乎占到全国农垦运输企业的 40%,工业企业和

---

① 厉以宁:《推动两个层次的农垦体制改革》,《农村工作通讯》2015 年第 20 期。

商业企业数量次之,多与东北作为我国老工业基地,长期以来培养的产业基础有关。相比之下,地方管理垦区各类农垦企业数量分布相对均衡,与区域发展路径依赖程度较低有关。

农垦改革以市场化、企业化为导向,必须基于双重功能结构视角,在行业层面尤其要注意两个区分,一是行业竞争强度,二是行业战略属性。竞争强度高、战略地位低的行业,由于进入和退出壁垒相对较低,因此可以通过大量引入非国有资本进一步激发创新活力;战略地位高、竞争强度低的行业,由于政策倾斜,往往成本意识不强,对于这一类行业,在保持国有资本优势地位的前提下适度引入非国有资本,有利于盘活既有资源,提高经济效率。

第三,国家控制层次。1992年之后,随着农垦系统综合配套改革的实施,绝大部分农垦企业被下放地方管理,奠定了日后新疆生产建设兵团、中央直属垦区、地方管理垦区三类垦区的鼎立局面,相应形成了中国目前三类农垦体制模式。第一类兵团垦区,即新疆生产建设兵团,实行党政军企合一的体制,由中央直接管理。兵团目前大体上维持现行体制,以求稳定。第二类中央直属垦区,包括黑龙江垦区和广东垦区,实行"部省双重领导、以省为主"的管理体制,只有财政预算、部分基建投资和国资监督等由中央部门负责,干部管理、党的关系、农场建设发展具体事宜和其他各项工作均由地方党委、政府负责。第三类地方管理垦区,又分为省直属农场和市县管理农场两种体制,如北京、上海、海南、云南、新疆地方国有农牧场等。

针对农业产业化和现代化、国家粮食和边疆安全战略的不同功能，应为不同垦区设定既有差异性又有互补性的改革方略，把市场性、企业化改革方向与国家安全战略性方向结合起来。黑龙江农垦和广东农垦耕地面积广阔，工业基础良好，作为中央直属垦区，承担着保障国家粮食安全、食品安全和生态安全的战略使命，要大力探索企业集团体制，在保证国有绝对控股的情况下，引入战略投资者，以建设国际化特大型现代农业企业集团为目标导向，并通过规范的国有资本管理体制来保障国有资本的保值增值。黑龙江垦区近年来通过集团化、企业化和混合所有制改革，引进了战略投资者和其他民营经济成分，充分发挥其在农业机械化、标准化、智能化方面的优势，在建立现代化大农业方面进展迅猛，效益不断提升，经营体制机制也发生了深刻变化。北京、上海、海南为代表的地方管理垦区，由于地理位置分散、规模相对较小，除了海南、云南作为橡胶生产基地的特殊地位，其他垦区改制过程中应以市场化为导向，通过公司化和股份化改革，实现农场所有权与经营权分离，通过兼并、重组、合资等方式吸引非国有资本参与到垦区经营管理中来。现在，北京、上海的垦区都培育了一批具有国际竞争力和品牌美誉度的农业加工企业与制造业，体制改革的效应明显。如上海的光明乳业，作为中国乳业的龙头，近年来在经营机制、产权结构、品牌建设和企业文化方面有了翻天覆地的变化，在国际市场上赢得了较高的竞争地位。新疆生产建设兵团，由于体制特殊，农垦公司化和集团化改革应在兼顾行业战略属性、保证国有绝对控股的前提下，引入民营资本，使经营体制更加灵活高效。除了经济效益和安全效益，相较于内陆垦区，新疆生产建设兵团的社会效益尤为突出,如在节水灌溉、集团机械化作业、新型村镇建设方面,新疆农垦均走在全国前列,其城镇化建设和土地集约化经营模式代表着21世纪中国农业现代集约化、新型城镇化发展的方向。笔者数次到新疆考察,对新疆生产建设兵团在盐碱土壤改造和沙漠绿化、农业现代化和机械化、安疆固边和民族团结等方面发挥的巨大作用深有体会,未来新疆生产建设兵团既要发挥原有的体制优势,又要进一步推进混合所有制改革和经营机制变革,为更好地发挥其战略作用奠定体制机制基础。

三、结束语:农垦改革应锐意创新、分层施策、因地制宜、务本致远

我们在2018年所进行的农垦体制改革研究中,从农垦双重功能结构和差异化发展战略出发,提出了混合所有制改革和完善治理结构改革、逐步剥离行政职能和社会职能改革、农垦内部激励约束制度改革和股权激励探索、垦区多层次经营管理体制改革、职业经理人制度和人才选拔制度改革、农垦国有资产管理体制改革等建议。实际上在2018—2020年我国农垦体制改革有了非常大的进展,在中央和各地政府的高度重视和大力支持下,农垦体系在体制机制和运行效率方面都有了长足的进步,中国农垦正在越过最为艰苦的改革攻坚期,而渐次进入理顺体制机制后的平稳发展期,可以说,目前农垦体系进入了一个历史上最好的发展阶段。但是,农垦改革的脚步却永不会停止,

在未来很长一个时期，农垦体系都将是一个被赋予多重战略职能的特殊的国有企业体系，这就决定了农垦必须时刻根据内外环境的变化而对自己的管理体制和运行机制进行适应性的调整，这一调整是动态的、长期的，因此农垦体系不要有毕其功于一役的思想，而要有长久的、动态的改革思维，始终以锐意创新的精神面对新问题、新环境、新挑战。在对中国农垦改革和创新进行战略布局和顶层设计的过程中，还要特别注意根据农垦体系特殊的差异化的多层次的结构特征，制定有针对性的差异化战略，不要一刀切、一锅煮、一哄而上，而要因地制宜、分层施策。2018年以来我国各地在集团化、企业化改革中创造了很多地方模式、地方经验，我们要高度重视这些经验和模式，通过比较借鉴，结合各垦区自身情况来进行制度设计和战略抉择。最后，还要注意，农垦体系不是一般意义上的企业和国有企业，也不是一般意义上的产业，而是具有特殊战略意义、肩负特殊国家使命的国有企业和产业，在农垦改革决策和战略制定的过程中，一定要高瞻远瞩，不要短期机会主义和形式主义。我在本书中一直强调一个观点，就是农垦改革始终要"务本"，不要通过改革把农垦原来的体制优势改没了，那就得不偿失了。"务本"就是要保证所有的改革举措都服务于农垦更好实现国家粮食安全和农业现代化的目标，所有的改革举措都有利于农垦提升全球竞争力从而有效维护国家安全，所有的改革举措要有利于安疆固边与民族和谐，这是农垦改革的"本"。只有"务本"才能"致远"，才能使中国农垦在中华民族的伟大复兴中发挥应有的作用，完成其被赋予的历史使命。

第八章　农垦体系与国家农业安全：以中国大豆产业为核心

> **本章导读**
>
> 长期以来，我国大豆产业中存在的贸易依存度高、产业链受国际垄断粮食资本较深控制、种植面积大幅降低和规模化产业化程度低等问题，对我国的大豆产业安全、国家粮食安全和国民健康安全等造成了严重影响，引起了决策层面和产业层面的高度重视。本章基于对我国在全球大豆产业和贸易中的地位变迁的系统梳理以及对国内大豆产业供求和产业链现状的深入剖析，认为要彻底扭转我国在大豆产业上的被动局面，逐步复兴农垦体系大豆产业并带动大豆主产区规模化大豆产业布局，是一条契合我国大豆产业现状与发展趋势的有效路径。本章提出了系统的大豆产业安全监测指标体系，并对我国大豆产业振兴提出了若干战略建议。

一、中国在全球大豆产业与贸易中的地位变迁

大豆产业是我国粮食产业中最重要的组成部分之一，大豆

产业关系到国家的粮食安全甚至是国家的总体安全（涉及国民饮食安全、基因安全和国民健康），是我国粮食战略的重中之重。近20年以来，我国大豆产业出现了急转直下的态势，大豆生产、大豆贸易以及整个大豆产业链的安全问题成为学术界热议的焦点。我们必须从国家安全战略的高度，并从大豆产业的全球竞争格局、大豆全产业链和农业供给侧改革多重视角，综合分析我国大豆产业的发展趋势与前景，并为我国大豆产业的复兴进行科学的顶层设计与产业链布局。

中国是大豆原产国，大约有5000年大豆栽培史。在很长一个历史阶段，我国大豆在全球大豆产业中占据不可撼动的领先和主导地位。在"二战"前，我国大豆产量占全世界的90%以上，中国是最主要的大豆出口国，尤其是中国东北地区的大豆，以其高质量享誉全世界。但是在20世纪60—90年代，中国的大豆产量占全球大豆总产量的比重有了明显的下降趋势，先后被美国、巴西和阿根廷超越。但是在20世纪90年代之前，我国大豆供求的总趋势大体来说处于基本均衡且供大于求的状态，在很长时间中大豆作为重要的出口产品为我国赢得了大量外汇。而加入世贸组织之后，我国大豆产量锐减，到2016年，我国大豆总产量为1300万吨，仅占世界总产量的5.5%。

与此同时，我国大豆的进口量出现急剧上升的趋势，从1996年到2016年，我国大豆进口量由110.75万吨上升至8600万吨，20年间剧增8000多万吨。究其原因，大概有内外两个方面：从内部原因来说，这20年我国国民的饮食结构和消费习惯发生了深刻变化，肉蛋奶以及豆制品的消费量猛增，这就导致对大豆食品以及豆粕（作为肉制品来源的牲畜的主要饲料来源）的需求量猛增，而国内产量远远不能满足需要；从外部原因来说，我国在20世纪90年代后半期打开了大豆进口的大门，取消了针对大豆的配额制、高关税等贸易限制，并大幅降低了进口关税。内外两种因素，导致我国在十几年内迅速由大豆的重要出口国变成全世界第一大大豆净进口国。在此期间，我国大豆每年仍旧有少量出口，2016年我国出口大豆13万吨，而同年进口量为8600万吨，出口占进口的比重可谓微不足道，可见我国大豆的进出口贸易出现严重失衡，整个产业可谓岌岌可危。从1995年我国仍旧是大豆的净出口国到2016年成为年进口量达8600万吨的世界超级大豆进口国，这个巨大的反差，折射出我国近20年在大豆产业方面存在的诸多深层问题。

二、中国大豆产业的供求与产业链现状

中国人一直对大豆情有独钟，大豆在我国国民饮食结构中一直占据重要的地位，尤其是20世纪90年代以来，随着经济发展的加速和国民收入的增加，国人对于大豆的消费需求猛增。从图8.1提供的数据来看，我国大豆消费需求在1964—1992年之间基本处于稳定上升的状态，上升幅度不大，1992年之后则出现比较明显的较大幅度上涨，到2003年之后则出现直线上涨的趋势。数据表明，我国大豆消费量由1992年的1020万吨增加到2016年的9820万吨，增加了近8.6倍，如此庞大旺盛的消费需求，是国内原有的较低的产能远远满足不了的。在加入

世贸组织之后，我国大豆产能不仅不能响应增加了的庞大需求，反而种植面积出现波动向下的趋势，2010年之后种植减少的趋势明显加快。这一现象表明，我国大豆产业的供给之所以持续下降，甚至在一段时间内迅速下降，与国内大豆消费需求形成巨大的反差，形成巨大的供求鸿沟，其根本原因绝非经济和市场原因（从经济和市场角度分析，巨大的消费需求应该且必然激发更大的供给），而是贸易政策与国内产业政策的原因。在中国本土大豆产业的产能低迷，远远不能满足国内巨大消费需求的同时，中国的大豆进口却以直升机一样的增速迅猛上升，导致我国大豆的进口依存度居高不下，这一现象，值得我们反思。问题出在什么地方？问题出在我国大豆全产业链的自主性上。

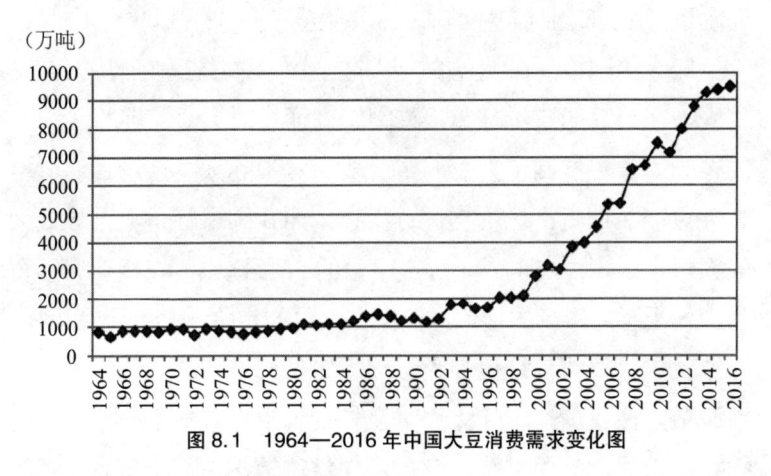

图 8.1 1964—2016 年中国大豆消费需求变化图

数据来源：联合国粮农组织数据库。

大豆产业链主要包含豆粕、大豆蛋白加工制品以及大豆压榨油等产业。从绝对产量的角度来说，除了大豆种植生产环节之外，无疑我国的大豆全产业链的规模都是很大的，在世界大豆产业中占据重要地位。比如豆粕产业，2015年我国豆粕产量6120万吨，约占世界豆粕产量的26.92%。比如大豆蛋白加工产业，我国大豆蛋白食品生产量占全世界大豆蛋白贸易的50%（中国大豆产业协会秘书处数据，2012年）。但是这些绝对数字背后，是我国的很大比例大豆加工产能是由外资企业或者外资控股的企业（看起来是中国企业）所提供的这一惊人事实。再从大豆压榨企业的产能分布来看，益海嘉里、嘉吉、邦吉、路易达孚等跨国企业均占很高的比例，其中第一位为益海嘉里，占中国大豆压榨企业产能的14%，远超中国的大型国有企业中粮（9%）、九三集团（9%）、中储粮（5%）、中纺（5%）所占的比重（中国产业信息网，2016年数据）。

　　四大跨国粮商在大豆的全产业链上都占据着垄断性的优势。首先，在大豆的定价环节，跨国粮商通过对大豆产业相关市场的控制，牢牢控制了大豆的定价权，对国际大豆市场销售价格和大豆产品期货市场价格进行操控，而我国尽管是全世界最大的大豆进口国，占世界大豆进口量的50%以上，在全球大豆贸易中处于买方市场的地位，但是在大豆的定价上却毫无话语权，导致我国大豆贸易地位与大豆国际定价权地位严重不匹配、严重脱节，使我国在国际大豆贸易和定价中一直处于非常被动的挨打挨宰局面。根据我国商务部提供的数据，近十年来，我国大豆进口价格和国际价格一直存在着很大的价差，这个价差，是由于四大跨国粮商对国际大豆价格和我国进口价格进行双重控制而形成的，在最高的2013年，国际价格和进口价格竟然相差 170 美元/吨。

其次，四大跨国粮商借助强大的资本实力和全产业链垄断能力，控制了从大豆的转基因种子的研发，到大豆种植和大豆加工环节以至于大豆的消费和贸易环节的整个大豆产业链。

再次，四大跨国粮商对我国大豆加工企业进行了多年的有计划的并购。据统计，ADM、邦吉、嘉吉、路易达孚四大国际粮商 2009 年直接或间接收购了国内近 65% 的大豆压榨企业，到 2012 年四大跨国粮商控制了我国 70% 以上的大豆压榨企业。

最后，四大跨国粮商对我国大豆加工产能和货源的控制。四大跨国粮商在并购大量大豆压榨企业之后，使得其操控的压榨企业购买国外的转基因大豆进行压榨，导致 80% 以上的进口大豆货源被外资企业控制，这些跨国粮商还通过并购和控股中国的压榨企业进而控制着我国压榨企业的产能。

十多年来，通过对中国大豆市场和大豆产业的蚕食鲸吞，四大跨国粮商已经奠定在中国大豆市场和产业中的绝对竞争优势地位，对我国的大豆产业安全、国家粮食安全和国民健康安全等造成了深刻的影响，这一结论已经在学术界基本形成共识，引起了决策层面和产业层面的高度重视，并寻求综合性的突围之策。

三、中国大豆产业的危与机：恢复大豆产业正当其时

当前我国大豆产业可谓危与机并存。目前，我国农业领域正在深入进行供给侧结构性改革，这为我国大豆产业的复兴提

供了历史机遇。同时，中美贸易摩擦带来的不确定性也增强了我们对我国调整大豆产业贸易政策和相关产业链的必要性和紧迫性的认识。因此，我们必须对我国当前的大豆产业存在的问题有清醒的认识，在产业层面、学术层面和高层决策层面达成一定程度的共识，同时还要谨慎布局中国大豆产业链，以期在未来几年内能够使我国大豆产业获得明显的转机。

概括起来，我国大豆产业存在以下问题：

第一，我国大豆的进口对外依存度太高。1994年我国大豆进口对外依存度为0.34%，而2016年这个数据接近90%，这对一个有着巨大的大豆消费需求的国家而言，是非常危险的一个比例；同时，我国在大豆压榨产业等大豆产业链上也受到外国资本的垄断性控制，这也就意味着我们的食用油等涉及国民健康安全的领域从货源到加工几乎完全掌控在外国人手里。

第二，我国大豆产业的贸易结构比较单一，对一些国家的进口过度依赖。据统计，从美国、巴西和阿根廷等国的进口数量占比超过了总进口量的95%。

第三，我国大豆种植规模小，且大豆单产低，大豆种植的技术水平整体较低。十多年来，我国大豆种植面积从总的趋势来看是大幅缩减的态势（2016年农业供给侧结构性改革战略实施以来，国家取消了玉米临时收储政策，鼓励农户改种大豆并强化落实了大豆目标价格补贴政策，使得大豆种植面积有所增加）。同时，我国大豆的种植基本上由小农经济所支撑，单个农户种植大豆的面积太小，缺乏规模经济效应，难以应用比较先进的种植技术。因此，尽管我国大豆科研部门在大豆育种研发方面的成就在某种程度上居于世界前列，与国际先进水平差距不大，但是我国大豆种植领域中占主流的小农种植方式（仅有部分农垦体系的农场生产是大农业生产）极大地影响了种植户对先进技术的吸收，致使我国大豆单位面积产量与外国相比差距加大。我国豆农仍然采用比较落后的种植技术，劳动力要素的投入高，技术含量低，单位产量的成本高，与国际通行的标准化、规模化、机械化、产业化的"大农业"种植方式差距非常明显。这是我国大豆生产效率低下的要害所在。

第四，我国大豆产业整个产业链的布局和产业链的整合能力存在很大的问题。大豆种植和生产、加工、仓储、销售、贸易等环节有着紧密的联系，应相互整合，形成一个包含上中下游各个产业的相互关联和相互促进的完整的产业链条，从而提高整体要素的配置效率。我国当前大豆产业的资本化程度很低，缺乏大资本、大产业和大品牌的切入，在大豆整个产业链上的各个企业的规模都偏小，对整个产业链的整合能力差。因此我国企业在整个大豆产业链上存在明显的竞争劣势，很容易被外国垄断厂商各个击破，逐步加以兼并收购，最终在整个产业链上失守。

第五，中国在全球大豆产业市场上丧失定价权，可以说唯美国马首是瞻。虽然中国在全球粮食市场上是最大的买家，在全球大豆贸易格局中占据重要的地位，但是我国在大豆市场上的发言权却非常微弱，在大豆价格上的博弈能力也非常微弱，这种局面导致中国在全球大豆市场上始终处于严重的被动局面，是全球大豆价格的被动接受者，而不是其中一个重要的定价者。

全球大豆市场的定价权基本操控在芝加哥期货交易所以及期货交易所背后的四大跨国粮商手中,而我国的大豆期货市场对全球大豆价格的影响极其微弱。

四、中国大豆产业趋势监测和发展战略:农垦体系的地位和作用

我国大豆产业的布局分散,集约化、机械化和智能化水平较低,这种局面严重制约了我国大豆产业的发展,极大地影响了我国大豆产业安全乃至于国家粮食安全。再加上跨国粮商在大豆产业链上的垄断性布局、国内与国外大豆价格和产能的差异、国内大豆产业扶持政策缺位、东北粮食产区产业结构调整等多种因素的叠加影响,当前我国大豆产业迫切需要寻求突围之策。要彻底扭转我国在大豆产业上的被动局面,我认为逐步复兴农垦体系大豆产业发展并带动大豆主产区规模化大豆产业布局,是一条契合我国大豆产业现状与发展趋势的有效路径。在中美贸易摩擦、全球大豆贸易格局面临调整以及中国农业供给侧结构性改革深入推进的大背景下,复兴大豆产业和全面重构我国大豆产业链势在必行且正当其时。

我国农垦体系在恢复和发展大豆产业的过程中具有地理禀赋、技术研发、生产经营组织、产业链等多方面的比较优势,应在大豆产业复兴中起到核心和引领的作用。我国大豆种植在地域结构方面相对比较集中,其中东北地区为大豆第一大生产区,占全国大豆种植面积的50%,黄淮海约占30%,长江流域

和其他南方地区占 20% 左右。黑龙江是我国大豆的主产区，面积和单产都居全国第一，2017 年黑龙江大豆种植面积占全国的 50.1%，总产占我国的 56%，可以说我国大豆的生产与供给绝大部分来自黑龙江，黑龙江肩负着大豆产业安全的重任。黑龙江农垦以其现代化和机械化种植优势和独特的土壤水分条件，大豆单产比较高，平均亩产量达到 350 斤左右，在北安、绥化、九三等部分垦区，亩产达到 450 斤左右。内蒙古在我国大豆种植中也占据重要地位，播种面积仅次于黑龙江，其单产也较高。如内蒙古呼伦贝尔农垦大兴安岭垦区，从 1963 年开始种植大豆，至今已有 55 年种植历史，经过多年不断的探索和研究，垦区大豆总产和单产有了大幅度提高，大豆亩产由不足 80 斤增加到 280 斤以上，最高单产突破 400 斤，垦区常年大豆播种面积在 70 万—90 万亩之间，年生产大豆 10 万—12 万吨，占全国总产量的 0.85%，大豆种植的增长潜力巨大，未来预期还会有较大的发展。黑龙江农垦和内蒙古农垦所处区域生态环境优良，污染少，是我国非转基因大豆的核心产区，在国内外市场上具备较高的竞争优势，需求潜力巨大。黑龙江省政府 2017 年 5 月通过的《黑龙江省食品安全条例》要求全面停止在黑龙江区种植生产加工转基因农作物，致力于打造中国绿色食品、健康食品、安全食品的特区，这对于作为转基因大豆主产区的黑龙江农垦来说是一个重大的发展机遇。因此以黑龙江农垦和内蒙古农垦为发展大豆产业的突破点和重要基地，对我国大豆产业复兴有着极为重要的不可替代的战略意义。同时，在黄淮海一带的农垦地区，按照规模化和集约化的要求，适度选择若干有代表性的区域,逐步扩大大豆种植面积,应该成为我国大豆产业复兴的重要战略考量和顶层设计方向。

具体而言,我国大豆产业的发展战略应该注重以下工作:

第一,构建我国大豆产业安全的宏观监测体系,对国内外大豆种植、生产、加工、仓储和贸易全产业链进行及时的监测和掌握,为大豆产业领域的科学决策和顶层设计提供真实全面的数据信息。大豆监测指标体系应该至少包含以下关键数据:我国大豆种植面积的波动数据;我国大豆总产量和总种植面积的波动数据;我国大豆单产和单位面积投入产出波动数据;我国大豆现货价格和期货价格的波动趋势;产量和播种面积居前十位省份的大豆产量与播种面积波动情况;我国大豆压榨企业的数量、产能、货源、出口量;我国大豆加工企业股权结构和外国占股的波动数据;我国境内外国大豆加工企业的产能和货源波动数据;我国大豆种植技术和机械的进展情况波动情况监测;我国大豆补贴政策及其落实情况的监测;全球大豆主产国的播种面积、产量、加工产能、出口量、出口价格以及全球重要大豆期货市场的期货价格波动的数据。当前我国学术界、产业界以及决策部门对国内外大豆产业的信息获取存在很大问题,政府和相关部门的信息披露力度不足,使加工企业和种植户难以获得准确、全面和及时的信息,极大地影响了政府的决策、加工企业和种植户的经营策略调整以及学术界对大豆产业的深入研究,这对我国大豆产业发展非常不利,因此建立这样一个系统的大豆产业监测指标体系刻不容缓。

第二,科学谋划黑龙江垦区、内蒙古垦区等农垦体系的大豆产业的布局。要在农业农村部的协调之下，制定黑龙江垦区和内蒙古垦区的科学的具有前瞻性的大豆产业发展规划。要在农垦体系建立大豆产业联盟，将科研机构、育种机构、种植企业、加工企业、仓储企业和贸易企业紧密联合起来，建立协调沟通机制，打破分散经营、各自为政、单打独斗的局面，实现垦区大豆产业链的协同共进。

第三，国家要制定合理科学的大豆产业扶持政策，加大对大豆种植者和贸易商的补贴力度，加大对仓储等环节的扶持和补贴力度，降低各环节的运营成本。2017年黑龙江大豆生产者补贴标准为173.46元/亩，共补贴大豆种植面积5872.26万亩。2018年黑龙江大豆生产者补贴标准为320元/亩，提高了将近150元/亩，补贴标准的提高，进一步缩小了玉米和大豆的种植效益比，此举将有效提升农户种植大豆的积极性，有利于黑龙江大豆种植面积的进一步扩大。除了在种植环节加大补贴力度之外，还要在基础设施建设、技术服务体系建设、产销交易信息平台建设上给相关企业以资金和项目支持，尤其是对非转基因大豆加工企业在政策上给予支持。

第四，发挥大型国有粮食企业的龙头作用，加紧对整个大豆产业链进行整合，尤其是要借助国有资本和农垦体系的强大力量，对大豆压榨环节进行大力整合。如果没有大资本和大企业的引领和把控，我国大豆加工产业要收复失地是不可能的，要大力整合中小加工企业，形成合力。

第五，跨境粮商在大豆压榨等生产加工领域的垄断行为应该受到重视，要提高到中国粮食安全和国家安全的高度去认知。

要高度关注在我国大豆加工领域整个产业链条上外资并购行为和控股情况，对外资企业对中国大豆产业的影响进行定期的评估与预测，在必要时依据我国相关法律发起对跨国厂商的反垄断审查，以维护大豆市场的正常竞争和我国大豆产业的合法权益。

第六，要大力发展我国的大豆期货市场，并深度参与和密切关注芝加哥交易市场的发展，要在国际大豆期货和现货交易中获得更多定价权和话语权。

第七，要大力拓展全球大豆资源渠道，为我国大豆贸易的多元化格局打开局面，避免对美国大豆市场的过度依赖。要及时拓展与俄罗斯远东地区在大豆种植和生产领域的深度合作。2018年11月8日我国农业农村部部长与俄罗斯联邦农业部部长对两国农业合作达成了共识，具体落实最近双方签署的《中国东北地区和俄罗斯远东及贝加尔地区农业发展规划》，在大豆、农产品加工、仓储物流等领域加强合作。可以预期，中俄两国在大豆生产和种植领域的深度合作，将使远东地区成为中国非转基因大豆的重要补充来源，进一步拓宽中国大豆来源的多元渠道，优化中国大豆贸易格局。

第八，加强大豆育种技术和种植技术领域的研发，增加研发投入，同时高度重视大豆种植和育种高科技在种植和生产过程中的技术普及与技术扩散，尤其是要在推动大豆种植集约化和规模化的同时，加大向种植户和企业的技术服务力度，着力构建大豆技术的社会化服务体系。同时，要进一步推广大豆的机械化种植技术，大力研发和推广大中小型大豆种植机械，提高我国大豆的机械化种植水平，提升大豆种植效率。

第九，加强大豆产业的信息服务体系建设。要建立大豆产销交易平台和信息网络，定期向大豆种植户和大豆加工企业发布市场信息，以避免种植者和加工者因信息不畅而遭受巨大损失。

通过科学系统的大豆产业复兴顶层制度设计与扶持政策的构建，通过深刻的大豆产业供给侧结构性改革与技术和经营体制的创新，通过对我国大豆生产格局的重构（尤其是农垦体系大豆产业的全面振兴）和大豆贸易格局的重塑，我国大豆产业必将迎来一个全面发展和振兴的时期，这对于我国的国家安全具有极为重要的战略意义。

第九章　农垦体系与国家农业安全：以中国棉花产业为核心

> **本章导读**

　　我国是棉花生产、消费、进口、加工大国，棉花产业的发展与安全对中国农业安全意义重大。当前我国棉花产业面临着巨大的国际竞争对手的挑战和国内产业形态的挑战，迫切需要在棉花产业扶持政策、棉花产业结构优化等方面进行深刻的变革，以实现我国棉花产业的重构与振兴。本章对国际国内棉花市场进行了实证分析，对我国棉花产业的政府扶持政策进行了辨析。在此基础上，对我国棉花产业尤其是新疆棉花产业的问题和未来应对策略进行了阐述。本章认为，必须从制度和技术创新两个角度，努力实现我国棉花生产加工的组织化、集团化、标准化、机械化、智能化，要深化棉花产业链的整合力度，打造大资本大企业大产业格局，同时加大基础设施建设力度和技术创新力度，全面提升我国棉花产业的国际竞争力。

一、棉花国际市场状况与中国棉花的供求结构

棉花是重要的战略物资，也是产业链最长、商品化率极高的大宗农产品，在国际农产品贸易中占据重要地位。中国长期以来是全球最大的棉花生产国、棉花进口国和棉花消费国之一，在国际棉花贸易中举足轻重。近十年来，我国政府在棉花生产领域的激励政策上进行了多次调整，棉花在产地结构、生产方式、产业链和产业集群布局、棉花国际贸易格局等方面发生了较为显著的变化。我国棉花产业既面临着巨大的国际竞争对手的挑战和国内产业形态的挑战，也面临着重要的发展机遇，迫切需要在棉花产业扶持政策、棉花产业结构优化等方面进行深刻的变革，以实现我国棉花产业的重构与振兴，保障国家棉花产业安全。

（一）棉花产业的国际市场状况

最早将棉花作为农作物加以种植的是印度河流域的达罗毗荼人（Dravidian），他们开创的哈拉帕（Harappan）文化被公认为人类历史上最早的文明之一。考古证据显示，哈拉帕人早在7000年前就已经学会了怎样将棉花纺成棉布，制作成衣服和其他日用品。现在，棉花的种植已经遍布全世界的热带和温带地区，但是从全球来看，棉花生产相对较为集中，主要分布于中国、印度、美国、巴基斯坦、中亚五国、巴西和澳大利亚等国，以上国家的棉花产量占到全球总产量的90%左右。

印度也是全球最主要的棉花生产国之一，近年来其产量甚

至有超越中国而成为全球最大棉花生产国之势（印度棉花咨询委员会［CAB］预计，2018/2019年度印度棉花产量为613.7万吨）。印度虽是产棉大国，但是棉花产量受气候、肥料等影响较大，产量并不十分稳定。印度棉花出口对象主要是全球最大棉花消费国中国，2012年左右，由于印度棉花大量出口导致印度国内棉花供给紧张，印度政府曾一度禁止棉花出口。美国棉花产量居全球第三，但美国是世界上最大的棉花出口国，出口量是国内消费量的三到四倍。棉花在美国国内的17个州均有种植，其中，得克萨斯州产棉量最大，佐治亚州以及密西西比州紧跟其后。巴基斯坦是第四大棉花生产国，2016/2017年度巴基斯坦棉花产量179.6万吨，同比增长18%，增长比较迅猛。同时近年来巴基斯坦棉花进口增长较快，国内需求比较旺盛。中亚五国（哈萨克斯坦、吉尔吉斯斯坦、塔吉克斯坦、土库曼斯坦、乌兹别克斯坦）棉花产量波动较小，在农业用地成本、人工成本上有比较优势，其中乌兹别克斯坦棉花产量最大，是世界上第五大产棉国，年均产量在110万吨左右，出口量也很大，是我国棉花的主要进口来源国之一。土库曼斯坦的年均产量在二三十万吨左右，居中亚五国第二位，其他三国的产量在十几万吨左右，近年来总产量总体上趋于增长的态势，但从全球棉花产量占比的角度来看，中亚五国在近年来处于略微下降的态势。未来中国与中亚五国在棉花贸易上的合作潜力巨大。巴西棉花在世界上占有很重要的地位，常年产量居世界第六位，出口量居第四位，在2017/2018年度巴西棉花种植面积增加了26%，预计2018/2019年度棉花产量将增长11%。2018年巴西棉花生产得到有力推动，巴西政府正在加强基础设施建设，着力解决棉花物流运输问题，为 2019 年棉花生产增长作准备。澳大利亚也是全球重要的棉花生产国和出口国，其生产量居第七位，中国与澳大利亚的棉花贸易前景也很可观。

（二）中国棉花产业的供求状况

我国棉花生产在国际市场上的占比一直是比较高的，约占全球产量的三分之一左右。从 2000—2017 年我国棉花种植面积来看，2000—2007 年大体上是逐步上升的态势，2007 年达到最高点，为 8889.15 万亩，而 2008—2017 年呈现明显的下降趋势，到 2017 年到达 18 年以来的最低值 4844.5 万亩。从产量来看，我国棉花产量总体较为平稳，2007 年产量达到最高点，为 762 万吨，2007 年后出现波动向下的趋势，2016 年是近十年来的最低点，为 534 万吨，2017 年又有小幅回升，至 548 万吨。在 2015—2016 年间，印度的棉花产量首次超过中国，成为最大的棉花生产国。

从平均亩产情况看，2000—2015 年之间的棉花平均亩产有稳定上升的态势，到 2015 年达到亩产 196.8 斤，2016 年、2017 年两年至亩产 210—220 斤左右，中国棉花单产的不断上升表明中国的棉花种植技术应用在世界居于前列。从主要产棉国单产水平和世界平均水平来看，我国棉花单产水平远远高于美国的单产水平，高出每亩 40 公斤左右，更远远高于印度的单产水平（约为 40 公斤/亩）和世界平均棉花单产水平（约为 50 公斤/亩）。

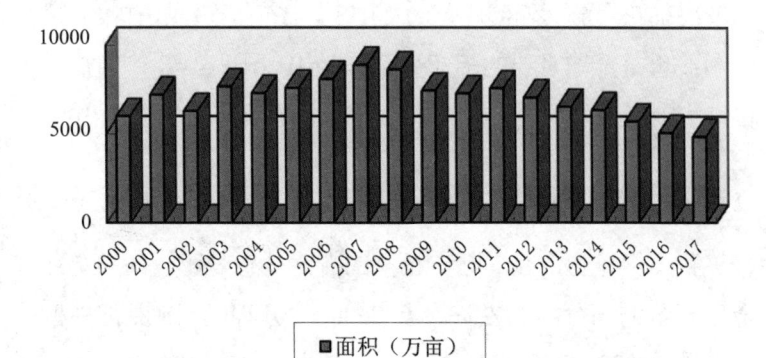

图 9.1 2000—2017 年中国棉花种植面积变化情况

数据来源：中国统计年鉴。

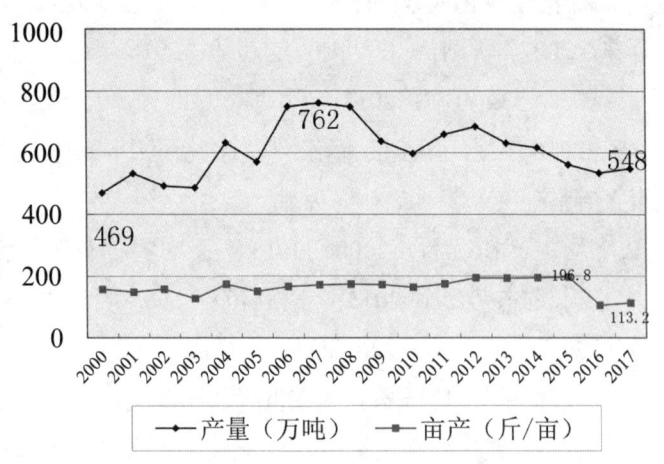

图 9.2 2000—2017 年中国棉花产量及亩产变化情况

数据来源：中国统计年鉴。

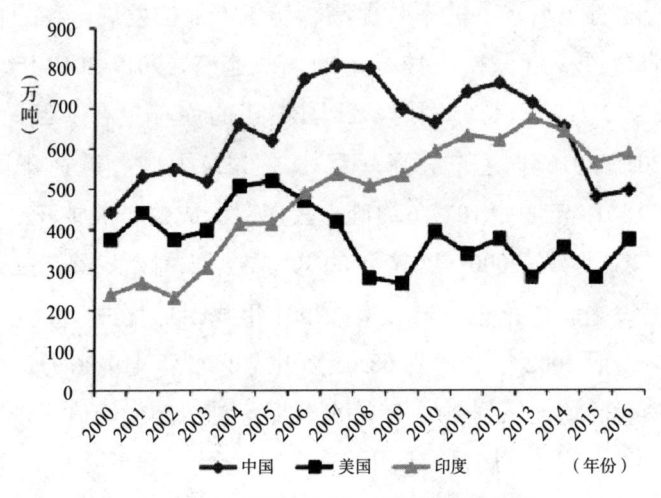

图 9.3 中国、印度、美国棉花产量比较

资料来源：USDA。

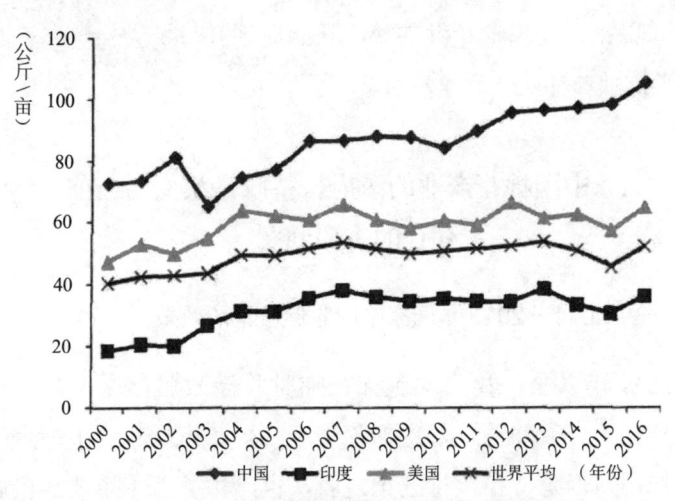

图 9.4 主要产棉国单产水平和世界平均水平

数据来源：中国国家统计局、USDA。

随着生活水平的不断提高和纺织产业的发展，我国棉花的消费量一直保持比较稳定的增长态势，2017/2018年度达到838.2万吨。与此同时，我国棉花的库存量在不断下降，从2015/2016年度的最高库存水平1457万吨，迅速下降到2017/2018年度的1077.6万吨，去库存的成效非常显著。棉花进口方面，从2000—2016年的总体数据来看，我国在加入世贸组织之后棉花进口量猛增，2001年我国棉花进口量为9.78万吨，而2002年猛增到68.08万吨，2005年419.86万吨，之后稍有回调，但到2011年，我国棉花进口的巅峰值出现，为534.14万吨，之后又有所下降。与库存的明显下降相应的是，我国棉花的进口量自2015/2016年度到2017/2018年度稳步增加（进口量在100万吨左右），以适应我国棉花需求的不断上涨。2015年以来，我国棉花供需缺口开始显现并呈扩大趋势，近两年的供需缺口在220万吨左右。

二、中国棉花产业的政府扶持政策演变与当前存在的主要问题

（一）2011—2013年国家临时收储政策的效果

2011年以来，我国实施棉花临时收储政策，这项政策对保护棉花生产者利益、稳定棉花生产和棉花市场起到了一定的积极作用，但是，在执行三年之后，也产生了若干重要消极后果。第一，国家棉花收储价格与国际棉花价格的价差持续增大，严重扭曲市场机制。到2013年，国家棉花价格与国际棉

花价格的价差已经达到每吨 7035 元（中国棉花网数据）。第二，收储价格高企，导致国家抛储价格随之提升，人为抬高了棉花市场价格，导致我国的棉花市场价格是世界棉花种植成本的一倍以上，超出了纺织企业的承受能力。第三，临时收储政策导致我国大量棉花进入库存而难以被纺织企业使用，高库存问题成为制约我国棉花产业的重要因素之一。2013 年库存消费比达到 182%，棉花仓储费用、资金利息费用高达 200 亿元以上，导致国家在收储方面的财政负担越来越重。2015/2016 年度我国棉花库存达到 1457 万吨，达到历史峰值，但同时又存在供求缺口，加上国外棉花的价格优势，导致棉花的大量进口。高价格、高价差、高库存，这"三高"表明我国临时收储政策亟待调整。

（二）2014 年目标价格补贴政策的效果

2014 年，我国开始调整临时收储政策，探索实施目标价格补贴政策。2014 年中共中央"一号文件"明确提出在新疆实施棉花目标价格补贴试点，这次棉花扶持政策的改革目标是从单纯的制定最低价和执行棉花临时收储转向逐步实施目标价格，国家不再直接干预棉花价格的市场机制，要让市场在定价中起到核心作用。执行这一政策的具体操作模式是：政府事先根据棉花生产成本、收益水平和市场供求状况，确定一个目标价格，这个目标价格是政府对棉农进行补贴的价格目标线，是政府应该让农民得到的单位棉花价格水平；而政府启动目标价格补贴政策的条件是棉农实际销售棉花的市场价格低于目标价格，政府补贴额等于目标价格与实际销售价格的差额；而当农户实际销售的棉花价格高于目标价格的时候，政府就不再补贴，不再启动目标价格补贴制度。目标价格补贴政策，最大限度保障了棉花的内在市场价格形成机制，使棉花价格可以真实反映棉花的市场供求关系，防止出现价格扭曲现象，也为释放高库存、降低财政压力提供了一个有效渠道。同时，目标价格补贴政策的实施与市场价格形成机制的理顺，使我国和国际棉花市场价格出现某种程度的同步协整和同步震荡的关系，价格的波动对棉花产业下游的加工企业而言，增大了其不确定性和成本，对棉企的经营造成一定的挑战。

（三）中国棉花产业当前存在的主要问题

棉花产业的产业链很长，从上游的棉花品种培育、种植和采摘收获，到中游的棉花仓储、棉花加工、棉花纺织，再到下游的纺织品加工制造以及服装消费，形成了一个极为庞大的产业链，如果再加上横向的棉花秸秆和棉籽壳的循环利用以及棉籽饲料化等横向产业，这个产业链就更长。从当前中国棉花产业的状况来看，产业链的纵向整合能力还比较弱，使得各个产业之间的纵向联系不够，棉花产业的整体规模效应还很难发挥出来，这与当前我国棉花产业资本发育的阶段是有关系的。相比国际上一些大型棉花企业集团，我国的棉花企业在上下游的贯通整合能力不强，纵向一体化程度低。

当前中国棉花产业正在经历着一场极为深刻的种植地域集中化和种植方式集约化趋势，但是土地经营的分散化对集中化和集约化的趋势形成了一定的障碍。从集中化来说，长江和黄淮流域的棉花种植面积不断下降，使得棉花种植大规模向西北内陆地区转移；从集约化角度来说，棉花种植正在从分散的种植模式走向高技术、大规模、标准化种植。当前，对集中化和集约化造成最大阻力的是我国的土地经营制度，即小农的分散的经营体系。与美国、澳大利亚等国大规模农场种植模式相比，我国小农的分散的棉花种植体系已经不适应棉花产业发展的要求，小农分散种植使我国棉花种植的标准化、机械化程度落后于国际水平，影响了棉花种植的效率和市场竞争力。在小农分散化种植背后，是土地流转政策问题，近年来我国土地流转方面的法律逐渐放松，开始允许和鼓励土地流转，这为解决棉花种植规模化、机械化、智能化、标准化问题提供了制度条件，为全方位提高棉花品质提供了制度条件。

当前，世界棉花加工企业向南亚和东南亚转移的趋势不可逆转，我国在棉花产业上的比较成本优势已经基本不可持续。在这种情况下，我国棉花加工企业面临着品牌、设计、技术、规模等多方面的约束条件：品牌效应不足导致我国棉花产业（包括加工等环节）的附加值低，效益差；设计能力不足导致我国棉花产业仅仅为国外服装企业提供各种原材料，而难以有自己的独立品牌；技术层面的创新不足导致我国棉花产业丧失成本优势，随着劳动力成本的上升，成本的劣势更为明显；从规模来看，我国在棉花产业方面缺乏具有庞大资本实力的企业集团进行全产业链的整合和深度的技术创新，从而统御整个棉花产业的能力较弱。在国家层面上，我们也缺乏对于整个棉花产业链的顶层设计和通盘考虑。

尽管中国是世界最大的棉花生产国之一、世界最大棉花消费国和最大棉花加工国之一，是世界纺织业的中心，但是我们在棉花的全球定价方面基本没有什么发言权，这导致中国产业在全球棉花价格波动中处于被动应对的状态，价格风险极大。同时，我国在棉花产业的风险预警机制、信息发布和监控机制方面也比较滞后，不利于整个棉花产业链条及时调整供求，避免市场风险。

三、新疆及新疆生产建设兵团在我国棉花产业中的重要地位和存在的问题

（一）新疆及新疆生产建设兵团在我国棉花产业中的重要地位

新疆拥有丰富的水土光热资源，无霜期长，有效积温高，非常适合棉花种植，是全世界最重要的产棉区之一，也是我国最大商品棉基地，在我国棉花生产和加工领域中占据极为重要的战略地位。近年来，新疆和新疆生产建设兵团的棉花种植面积与产量占全国的比重在持续上升。特别是近十几年来，我国棉花种植向新疆集中的趋势比较明显，新疆棉花产量占全国棉花产量的比重2001年为30%左右，到2016年上升到80%左右，增长的幅度很大。十几年间，新疆棉花产量总体而言增长比较平稳，2000年为150万吨，2016年增至420万吨。

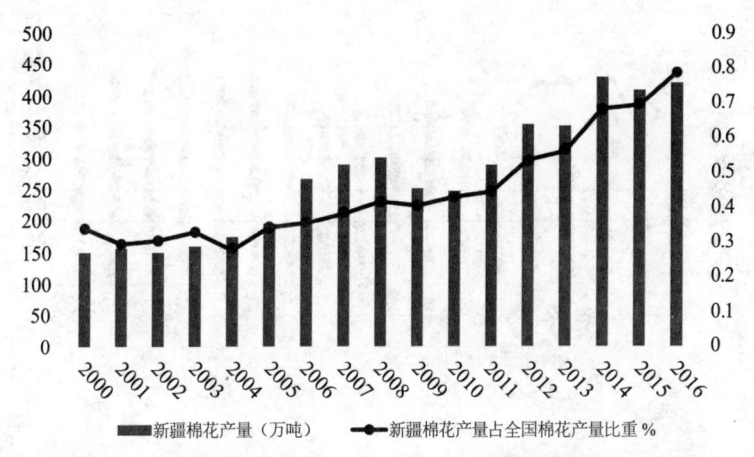

图 9.5 新疆棉花产量变化趋势及其占全国棉花总产量之比变化趋势

数据来源：新疆棉花产量引自《新疆统计年鉴 2017》第 341 页；新疆生产建设兵团棉花产量引自《新疆生产建设兵团统计年鉴 2018》第 235 页；全国棉花产量引自《中国统计年鉴 2018》第 405 页以及《中国统计年鉴 2010》第 485 页（2001—2004 年全国棉花产量数据引自该页）。

新疆生产建设兵团棉花产量在此期间也呈现出总体稳定增长的态势，2000 年是 69.39 万吨，2017 年增至 167.88 万吨。新疆生产建设兵团棉花产量占新疆棉花产量比重则基本上呈现出下降的趋势，2002 年这个比例大概是 54.8%，而到 2016 年这个比例下降至 35.6%。但新疆生产建设兵团棉花产量占全国棉花产量的比重在此期间呈现小幅增长的态势，由 15.7% 上升到 29.7%。这表明在 2000—2017 年间，新疆除兵团之外的地区的棉花产量增长速度比兵团棉花产量增长速度更快，兵团在整个新疆的棉花生产中的地位在下降，这个现象值得引起高度重视。

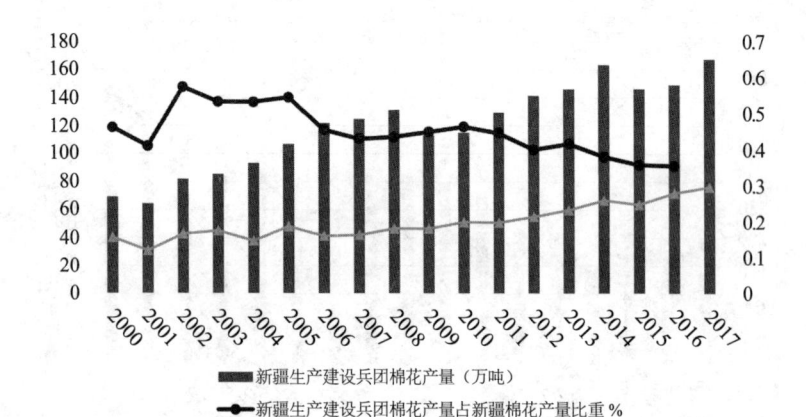

图 9.6　新疆生产建设兵团棉花产量占新疆棉花产量和全国棉花产量的比例

数据来源：新疆棉花产量引自《新疆统计年鉴2017》第341页；新疆生产建设兵团棉花产量引自《新疆生产建设兵团统计年鉴2018》第235页；全国棉花产量引自《中国统计年鉴2018》第405页以及《中国统计年鉴2010》第485页（2001—2004年全国棉花产量数据引自该页）。

新疆不仅成为我国最大的棉花生产基地、重要的棉纺织生产基地，而且产业不断向下游织造、服装产业拓展，生产效能不断提高，产业竞争力持续增强。新疆棉花及棉纺织产业已经成为带动新疆就业和经济发展的支柱产业，有力推动着国内棉花产业的整体进步，也对全球棉花市场产生重要影响。根据《中国科学报》提供的最新数据，新疆棉花种植面积稳定在3000万亩以上，总产量已达到500万吨左右，占全国比重的80%以上，棉花生产面积、单产、总产已经连续24年位居全国首位。目前全区有61个县市区和110个团场种植棉花，一半的农户从事棉花生产，农民人均纯收入的30%以上来自棉花，纺织服装生产及贸易企业超过2500家（《中国科学报》，2018年9月6日）。

（二）新疆棉花产业当前面临的主要问题

随着中国"一带一路"倡议的推进和国内产业政策的调整，新疆棉花产业在中国棉花产业中的地位更加重要。与中亚地区国家的互联互通和贸易往来，为新疆棉花和棉纺织服装产业的长远发展提供了宝贵机遇。但是，我们也要看到新疆棉花产业面临的挑战和问题。首先，新疆棉花产业发展面临着生产瓶颈和生态瓶颈，棉花生产成本持续高企，极大地制约了新疆棉花的生产，同时新疆棉花生产的生态压力很大，地膜污染突出，水资源不足的矛盾凸显。其次，从技术上来说，新疆棉花生产、物流和加工的技术水平还有很大的提升空间，产业层级较低，产业升级转型和供给侧结构性改革可谓任重道远。最后，新疆和新疆生产建设兵团的棉花生产加工企业的规模效应不足，大资本大企业的格局尚未建立，全产业链整合和统御能力不足，影响了我国棉花产业在全球的竞争力。

四、未来我国棉花产业信息监测分析与发展战略：制度与技术创新

第一，加强棉花产业的信息监测以及监测指标设计，对全国棉花产量和单产、各地区棉花产量和单产、棉花生产成本和物流成本、棉花库存、棉花消费量、国内和国际棉花市场现货

与期货价格、全球棉花消费趋势和产业发展趋势等信息进行及时的搜集、整理和发布，利用棉花协会等中介组织广泛联系棉花全行业相关者，进行全方位的信息服务。新疆和兵团尤应建立相应的信息发布机构，定期对相关生产加工企业进行信息披露，指导整个新疆和兵团的棉花产业发展。

第二，加强技术层面的创新，提升棉花种植和采摘效率，培育真正适合机采棉的品种，降低生产成本；在棉花加工等领域对标美国和澳大利亚等先进棉花生产国进行技术创新，提升加工质量，降低成本，提升全球竞争力。

第三，要通过制度创新，实现棉花种植的组织化、集团化、标准化、机械化、智能化。政府要建立土地流转长效机制和扶持政策，鼓励棉花生产者通过土地流转实现规模经营，为集团化和组织化提供制度基础，尤其鼓励大型棉花生产合作社和棉花生产龙头企业积极参与土地流转。农垦体系在这方面有制度优势，要在农垦体系中尽快构建大型棉花企业集团，引领和带动全行业市场竞争力提升和整体发展水平的提高，而大企业由于有大资本作为后盾，在技术创新和产业链整合方面具备比较优势。

第四，要深化棉花产业链的整合，提升产业链效益，加强品牌建设。要鼓励内地优秀品牌企业和设计师进入新疆棉花产业链，输入品牌和设计理念，打造我国棉花产业的品牌优势。

第五，建议建立棉花国家采购制度。建议鼓励公务服装、军队服装、学校服装等通过新疆和兵团渠道进行国家采购，新疆等棉区要进行棉花生产、服装生产和设计一条龙服务。此举可以大大提升新疆棉花生产的规模化程度，同时可以对新疆和兵团的就业以及扶贫工作提供巨大助力。

第六，加大新疆和兵团的基础设施建设，尤其是交通基础设施，降低运费，进一步凸显成本优势。同时，交通条件的改善也对拓展"一带一路"商机提供保障，未来新疆加快"丝绸之路经济带核心区"建设，努力构建全方位开放格局，要在基础设施上下功夫。

第七，既要实现适度集中化，又要实现区域层面的均衡化。我国当前的棉花产业，高度集中于新疆地区，这对于我国棉花产业的总体发展有利有弊。为了应对新疆棉花生产波动带来的不确定性，应在新疆和兵团之外，在农垦总局这个层面上进行顶层设计，在全国其他适合种棉地区的农垦体系中（比如黄淮一带）布局棉花产业，进行高度机械化和规模化的生产与加工，使我国棉花生产在区域层面更加均衡化，以应对棉花生产波动危机。

第十章 农垦体系与地方发展：市场机制下的垦地共生模式

> **本章导读**
>
> 长期以来形成的农垦与地方隔离的"二元体制"，深刻影响了要素和资源的有效合理配置，人为造成农垦与地方社会服务和社会福利的不均衡结构，不利于一个地区的统筹协调发展。本章结合垦地融合的成功案例，深入分析了市场机制下垦地共生的社会服务和公共品供给的融合效应、先进生产技术的溢出效应、农业组织体系和农业经营管理体制的升级效应、社区建设中的协同效应、工业化进程中的互补效应、基础设施建设中的共享效应、农业生产资料供应中的保障效应，并对未来进一步深化垦地融合提出了七大政策建议。

我国农垦体系正经历着深刻的体制变迁，近年来持续推进和深化的企业化、集团化、市场化和社会职能剥离等改革举措，对农垦体系的内部运行机制造成了深刻的影响；同时，农垦体制变革对农垦与地方经济社会发展的相互关系模式也造成了深刻的影响。在计划经济时期以及改革开放之后的很长一个历史时期，农垦与地方经济并行发展，各自相对独立，它们实行完全不同的体制和运作模式，彼此隔离。这种并行发展和相对独立的发展模式，造成农垦体系和地方经济社会在发展上呈现明显的"二元结构"：农垦长期以来形成的大农场体制和国有企业属性，使得农垦所辖区域的职工福利、公共基础设施和社会化服务相对比较完善，而与农垦相邻的地方，其经济社会发展则与农垦体制大相径庭，尤其是改革开放以来地方经济实行小农耕作模式，农业经营体制相对比较落后。这种农垦与地方隔离的"二元体制"，十分不利于整个区域的经济发展中的协作，影响了各种要素和资源的有效合理配置，人为地造成了农垦与地方社会服务和社会福利的不均衡结构，甚至造成农垦和地方在行政管理、司法、基础设施建设等方面的诸多矛盾，不利于一个地区的统筹协调发展。在社会主义市场经济条件下，这种矛盾更加突出，对乡村振兴战略的实施和现代农业体系的建构所造成的消极影响也日益凸显出来。近年来农垦体系进行的市场化和"办社会"职能改革，为探索农垦与地方经济协调发展的新模式提供了历史机遇和制度条件。

  农垦与相邻的地方在区域上具有一体性，你中有我，我中有你，在市场机制下各种要素和资源的流动频繁，因此垦地交融具有经济上的必要性和可行性；从社会服务和社会管理的角度来说，将农垦与地方统筹考虑，结合农垦和地方各自的优势，进行统筹协调，如此则可以大大降低社会服务和社会管理的成本，提升社会服务和社会管理效率，因此垦地交融具备社会管理上的可行性；从生产方式上来说，乡村振兴战略要求农业产业的转型与发展，而农垦在生产方式上具有一定的先进性，能够带动周边区域生产方式的变革。很多农垦和地方，经过一定时间的实践，探索出丰富的垦地融合经验和模式，值得进一步从理论上给以总结与提炼，以利于经验的推广。具体而言，我认为垦地融合具有以下机制和效应：

一是社会服务和公共品供给的融合效应。农垦与地方在社会服务公共品方面的一体化，尤其是教育、医疗卫生、文化体育服务方面的一体化，对区域社会发展和居民福利提升极为重要。长期以来，一些农垦地区在教育、医疗卫生、文化体育等公共品领域进行了大量的持续不懈的投入，为职工提供了高水平的人力资本投资和社会服务。笔者在黑龙江农垦和新疆生产建设兵团进行调研时，看到很多具有很高水准的优秀中小学、完备的职工体育文化设施、设备与人才都很优异的医疗机构，这些社会服务和公共品可以在农垦和地方实现融合效应，尤其在近两年的"办社会"职能改革中，这种融合效应更加明显。但是需要注意的是，这种融合效应的前提，是不能在"办社会"职能改革之后削弱和降低农垦地区社会服务和公共品供给的水准，不能"降高就低"，否则将引发较大的社会矛盾。农垦与地方要实现优势教育资源、医疗资源和文化体育资源的融合和分享。如黑龙江总局大西江农场，与嫩江县的伊拉哈、双山、前进、临江四个乡镇毗邻，自场县共建工作开展以来，农场打破行政界限，与临江乡结成共建对子，进行场县共建，促进区域社会科学发展、和谐发展：在教育方面，大西江农场中小学校就近接收临江乡中小学生，免收学杂费，与临江乡开展教师异地授课，加强双方教学领域的交流与合作；医疗方面，大西江农场医院与临江乡卫生院互为定点医院，实行互相转诊制度；文化方面，充分利用农场的体育文化设施开展各种文化活动，增强垦地文化交流。将来在农场"办社会"职能改革之后，更应建立常态化、市场化的机制，使垦地之间医疗、教育和文化资源更加相互"打通"，实现一体化发展。

二是先进生产技术的溢出效应。农垦的现代农业技术和机械化装备水平较高，有些已经接近甚至超过国际水平，而相邻的农业地区在生产技术方面受制于传统小农生产方式，技术更新较慢，严重影响了农业生产效率。农垦体系应该在农业技术教育、新型农业机械共享、农业技术转移与推广方面，对地方的农业生产进行技术支持，推动农业供给侧结构性改革，充分发挥先进生产技术的溢出效应。如黑龙江嘉荫农场位于嘉荫县境内中心部位，周边有嘉荫县六乡三镇的 150 多万亩耕地，农场拥有大中型拖拉机、大型联合收获机以及完善的配套农具，综合机械化率达到 97% 以上。嘉荫农场与嘉荫县在生产技术和农业机械化方面进行深度合作，加快嘉荫区域内的结构调整步伐，提高农业生产的科技含量。他们组织农场各管理区与周边乡镇对接，在农机各作业环节中邀请地方村镇领导与农户参加农场组织的现场展示会和培训班，充分示范展示农场先进的农机设备和标准化作业水平及其所带来的高效益，并向当地农民集中推广"大豆垄三栽培"、"大豆大垄密植"、"玉米高产栽培"、"大马力机械深松耙茬联合整地"等先进农业技术，充分发挥技术的外溢效应，促进农业增产和农民增收。

三是农业组织体系和农业经营管理体制的升级效应。2018年9月20日中央全面深化改革委员会第四次会议通过了《关于促进小农户和现代农业发展有机衔接的意见》。会议指出，促进小农户和现代农业发展有机衔接，对巩固完善农村基本经营制度、实施乡村振兴战略、夯实党的执政基础具有重要意义；要坚持小农户家庭经营为基础与多种形式适度规模经营为引领相协调，按照服务小农户、提高小农户、富裕小农户的要求，加快构建扶持小农户发展的政策体系，加强农业社会化服务，提高小农户生产经营能力，提升小农户组织化程度，改善小农户生产设施条件，拓宽小农户增收空间，促进传统小农户向现代小农户转变，使小农户成为发展现代农业的积极参与者和直接受益者。在促进小农户和现代农业发展有效对接方面，农垦体系有着自己独特的体制优势、组织优势和管理优势。农垦体系可以通过发起农民合作社，通过建立与地方的种养殖大户、合作社和家庭农场的对接机制，带动当地的小农户发展，从而增强农业生产的组织化、规模化、集约化、智能化、标准化、机械化程度。黑龙江农垦的尖山农场几年来大胆创新，打破体制瓶颈，与嫩江县前进镇联手，创建以农场种植、规模组织、合作社运营、市场运作为主要特征的场县共建机制。他们建立了"合作社+农场企业+社员"的经营模式，创建"为民"种植业合作社，实行两级管理，总社设在农场场部，入社农民所在村设立服务站。为使合作社规范化运营，他们全面实行精细化、制度化管理，实行统一作物种植、统一技术标准、统一提供种子化肥农药、统一农艺措施、统一农资和粮食价格、统一结算标准、统一兑现惠农政策、统一各项管理制度、统一大机械作业的"九统一"管理模式。通过这些高度组织化和标准化的农业经营管理模式，农垦体系大力改造了地方的农业生产方式和经营体制，使小农经济能够更好地对接现代农业，分享现代农业发展的红利。

四是社区建设中的协同效应。农垦职工和地方居民在生活区域上的交叉和融合的状况，客观上要求在社区建设中实现垦地协同，在社区的建设和管理中实现最佳的协同效应。要避免在社区发展中各自为政的情况，避免出现社区建设章法混乱、风格混乱所带来的弊端。比如黑龙江农垦的汤原农场和汤原县共同开展的小城镇建设就彰显了共融共和的优势，他们按照"统筹规划，区域合作，协调发展，授权管理"的原则，进行小城镇建设，在建设中统一设计协同推进，统一打造相邻区域建筑，统一纳入一个风格，做到"我中有你，你中有我"并肩发展，共同享受小城镇各项优惠的税费政策。场县双方还将交界处无人管理的废弃地开发利用起来，共同建设园林式公园，公园主体建设及排污管道由农场投资，园外路面拓宽和绿化美化等由汤原县负责完成。这种合作模式抛弃了以往彼此隔离所导致的城镇建设混乱无序问题，使垦地双方居民在一个区域中享受同等的城镇设施和社区服务，促进了垦地均衡化发展。黑龙江垦区九三管理局的经验也值得借鉴，该局以加快九三中心城区和双山建制区城镇建设为重点，坚持"农村城市化、农民市民化、农业产业化"的发展思路，大力推进"三个集中"（人口向九三管理局局直中心城镇及双山区集中、产业向园区集中、土地向规模经营集中），加快"两个延伸"（九三管理局局直中心城镇基础设施和公共服务向双山区延伸），寻求"三个突破"（优惠政策、城镇规划和管理体制），实现"六个一体化"（城乡规划建设一体化、城乡产业发展一体化、城乡基础设施一体化、城乡社会事业一体化、城乡基本社会保障一体化、城乡公共管理一体化），逐步扩大九三管理局局直中心城镇规模，增加人口比重，缩小城乡差距，努力建设经济发达、社会和谐、政治清明、文化繁荣、人民富裕、环境优美的新双山，推动垦地城乡一体化。

五是工业化进程中的互补效应。农垦和地方在发展地区工业的过程中，不可避免地遇到金融资本、土地、技术和人力资本整合的问题，这些要素的整合需要垦地建立一个市场化的合作机制，优势互补，共同推进当地的工业化进程。农垦和地方要依托各自的优势资源，针对当地的优势产业，打造工业产业链。比如黑龙江农垦汤原农场本着"农场出地、基础共建、共同招商、利益共享"的原则，和汤原县共同投资，在汤原农场场部共建新型工业园区，并达成了税收分成协议，即汤原县财政把入驻园区的企业税金上缴国家后地方留成部分的50%返还给农场，用于发展工业和城镇基础设施建设。汤原农场与汤原县相继出台了《汤原县人民政府与汤原农场场县共建框架协议》、《汤原县鼓励投资若干意见》、《汤原县推进区域合作实施场县共建十项具体承诺》、《汤原农场招商引资奖励办法》，明确了对入驻园区企业实施统一的"三减两免"的税收优惠政策。

六是基础设施建设中的共享效应。重大基础设施的投资比较巨大，在很长一个历史时期，由于垦地隔离政策，导致农垦地区和地方的基础设施供给能力存在明显差异。20年前，笔者在黑龙江农垦考察，当时垦地之间的交通条件差异之大令人惊叹，相隔几十米，道路状况迥异，然而近年来这种情况在垦地融合政策的推动下已大为改观。农垦和地方建立"大区域"和"大格局"观念，在基础设施建设中秉承均等化和全覆盖的理念，这对于整个区域的经济社会发展都是有利的，那种人为隔离的方法是缺乏大局观的。如黑龙江鹤山农场把双山镇纳入区域经济社会发展大格局中，把双山镇的社会发展作为鹤山农场大棋盘中的一部分去规划和建设，在交通和道路绿化方面实行一体化战略，实施了双山镇至111国道绿色通道的高标准绿化。再比如，在水利方面，黑龙江九三管理局水务局与嫩江县水务局统一规划和建设老莱河流经九三管理局局直及双山镇段左右岸堤防护坡绿化工程，对相邻流域的水土流失实行综合治理，统一制定规划。

七是农业生产资料供应中的保障效应。农业生产资料（包括种子、化肥和农药等物资）供给的安全和高效，一直是影响农业生产的大问题，也是令小农户最感棘手的问题。农垦体系的农业生产具有规模化的优势，其农业生产资料的供给能力较强，可靠性和安全性较高，对农业生产资料市场的谈判和监控能力较强，因此由农垦为地方农业生产资料的供给保驾护航，既是农垦的责任，也可以为农垦带来新的发展机遇。如黑龙江农垦嘉荫农场与黑龙江农垦总局北大荒生资公司合作，加强良种繁育并规范化肥等生产资料的统一供应与管理，为周边农户提供了稳定安全的生产资料来源。嘉荫农场与嘉荫县农业技术推广站及种子公司共同合作在农场周边乡镇建立生产资料经销店和销售点，既降低了农户的生产资料购置成本和风险，同时也增加了农场的利润，实现了合作共赢。

以上我们总结了垦地共生的七大效应和模式。未来在垦地融合方面，应该注重以下几个方面工作：

第一，要注重政策的普惠化。国家下达的任何有关乡村振兴和农业发展的政策，都必须是包容性的，而不应是排斥性的，要同时惠及农垦和地方，尤其是农垦也要平等享受地方农业发展和城镇化相关优惠政策。

第二，要注重市场机制的建设。垦地之间的相互合作，是基于市场机制的一种双赢的选择，不是一方对另一方的单方面付出，应本着契约精神，相互尊重，彼此平等，用市场化的交易方式进行合作，实行科学合理的成本分摊和利益共享。

第三，要注重合作机制的常态化。要建立制度，不要仅仅停留在一般意义上的合作开展活动和项目。要建立制度化的沟通机制、协商机制、公共服务共享机制、基础设施共建机制等。

第四，要注重组织上的共建共融机制。在人事和组织上，要通过垦区和地方的领导交叉任职，搞好垦地共建中的顶层设计，降低实施成本。

第五，要注重土地流转机制的设计和实施。农垦要帮助地方农业经营体制实现深刻转变，前提是必须进行有效的土地流转，以消除地块的过度分割，推进土地规模集约经营。因此要大力推进土地经营权的转让、租赁、转包、入股、委托管理等多种流转形式的探索，提高农民土地流转的规模、质量和效益，以利于农垦帮助地方实现标准化作业；同时，土地流转又可以实现小农户在有偿离开土地后进城务工，在农业经营体制转变的同时推进城市化进程并提高农民收益。

第六，要注重建立信息共享和发布平台。农垦和地方要通力合作，利用互联网技术和移动通信技术，构建现代化农业信息发布机制，及时将农事信息、农产品价格信息等发布给相关企业和农户，促进农村经营管理机制的转型。

第七，要注重政府扶持政策的系统性和连贯性，激励垦地合作长期化。政府在制定农业扶持政策时，要统筹考虑农垦和地方，而不要只考虑一方，要在决策过程中向着有利于垦地融合的方向努力，而不是在政策制定中造成新的不均衡和不平等。

垦地共生是关系到中国农业发展和区域经济发展的大课题。垦地融合极大地提高了场县共建双方的农业生产科技含量、土地产出率和粮食综合生产能力，推动了公共服务的一体化建设，促进了区域产业结构调整和产业升级，加快了经济增长方式转变步伐，提高了区域内农垦和地方的资源互补与要素配置效率。垦地融合的最终目标，是建立一种由政府和农垦管理层高屋建瓴进行引导、由市场机制驱动、由组织化生产经营载体进行支撑的区域经济和社会服务一体化体制。

第十一章　农垦体系现代企业制度构建与优质企业培育

> **本章导读**
>
> 农垦集团化和企业化改革的核心是现代企业制度的构建和优质企业的培育。农垦体系要通过产权结构的多元化（混合所有制）和公司治理结构的完善化来实现体制机制的转型，建立有效的激励—约束机制和多层级管理体制。农垦还要从资本运作、产业链整合、人力资本培育机制、农垦企业文化品牌建设、技术创新等五位一体格局，来全面塑造优质农垦企业，全面提升农垦的市场竞争力。

一、引言：农垦企业化和集团化的成就和体制障碍

2015年以来，全国农垦体系以垦区集团化、农场企业化为主线进行改革，同时大力推进农垦社会管理职能和公共服务职能的剥离，使农垦未来发展模式、发展战略与功能定位更加清晰，农垦体系保障国家农业安全和自身可持续发展的能力显著增强。垦区集团化和农场企业化的绩效显著，截至2018年年

底，680多家国有农场已基本完成公司化改造，18个市县管理垦区整合域内各类国有资源资产，共组建86家区域集团公司、264家专业化农业产业公司。垦区集团化和农场企业化改革的收益显著：第一，初步形成了新的发展机制，农垦体系承担的社会管理和公共服务职能彻底剥离，垦区轻装上阵，开始成为一个真正的独立的市场化的微观行为主体，与其他企业平等地进入竞争市场；第二，垦区集团化和农场企业化改制使农垦体系的产权结构和治理结构进一步规范化和市场化，各地区农垦集团内部和农垦企业内部的市场化的激励和约束机制正在逐步形成；第三，集团化和企业化改制也进一步清晰了政府和农垦之间的关系，中央所属农垦与中央的关系、地方所属农垦与地方政府的关系更加清晰，为进一步完善政府对农垦的政策支撑体系提供了制度基础；第四，垦区集团化和农场企业化改制后，有利于吸引更多的社会资本进入农垦的产权结构之中，从而极大地改善农垦体系的产权结构和公司治理结构，多元化的产权进一步激发了农垦体系的活力，也增强了农垦的市场竞争力；第五，在改制过程中，在产权多元化和清晰化的过程中，国有资产保值增值的机制保障也更加牢固，国有土地和其他国有资产可以通过股份的方式进入农垦集团和农垦企业，从而获得国有资产应该享有的收益，并使国有资产的法定代表人可以通过规范的公司治理进入农垦集团公司和农垦企业的治理结构之中，这对于国有资产保值增值、保障国有资产不流失，探索更加规范科学的国有资产监督管理体制机制极为有益。总体来说，垦区集团化和农场企业化的改制路径选择是正确的，其取得的成就是值得肯定的，未来几年随着垦区集团化和农场企业化的机制更加完善，其政策效果会更加清晰地凸显出来，一批优秀的农垦企业将会以极快的速度成长起来。

但是，不可否认，当前还有若干体制机制因素对农垦的企业化和集团化改制形成了一定的阻碍，不利于农垦优秀企业的成长。这些体制机制因素主要是：第一，传统体制中农垦决策体系的行政化对改制形成了相当程度的消极影响，大大削弱了农垦的市场适应能力和竞争能力，农垦集团化之后的公司治理结构和决策机制在很大程度上受到传统体制的掣肘，路径依赖严重，要打破这种行政化的刚性的决策体制需要付出极大的制度变迁成本。第二，农垦体系还没有形成较为灵活高效的激励机制，农垦对管理层和员工的绩效考核体系与其收入的相关度低，难以形成有效的激励，难以激发员工和管理层为提高企业效率而努力的激情与动力。第三，当前农垦体系的产权结构极为单一，单一的国有产权导致农垦很难利用域内其他形式的社会资本，很难与这些有实力的社会资本共享各自的技术、市场与管理方面的优势要素，很难整合域内的优势产业，从而很难形成范围效应和规模效应。第四，长期以来，在传统体制下农垦的人才基本上在一个封闭的系统和范围内进行配置，人力资本的整体素质有待提高，人才的瓶颈效应日益凸显，严重束缚了农垦体系的发展和变革。第五，农垦体系在传统体制下采取资本运行的封闭化模式，长期的国家财政投入导致农垦体系与股权市场和融资市场的关系不紧密，这一方面导致农垦体系难以有效利用资本市场和银行信贷进行融资或改善资本结构，另一方面也导致金融界对农垦体系缺乏深入了解,即使是国有商业银行体系和政策性银行体系在与农垦体系合作起来也颇不顺畅,农垦与金融资本的隔膜也极大地影响了农垦的发展壮大。第六,长期的计划体制使得农垦对外部市场不敏感,营销手段单一,自身产品的品牌建设滞后。很多农垦企业拥有非常具有市场竞争力的优质产品,但是由于农垦体系的市场意识薄弱,缺乏相应的市场营销经验和渠道,大大影响了外部市场对农垦的高质量产品的认知。第七,农垦体系的企业品牌和企业文化建设相对滞后,存在一定的文化自卑意识,在社会大众传媒中很少正面宣传农垦企业文化品牌和产品品牌,甚至很多知名度极高的农垦企业,老百姓根本不知晓其为农垦企业,一些知名度很高的农垦产品,消费者根本不了解其为农垦产品,长此以往导致农垦企业和农垦产品在消费者群体中的知名度低,农垦企业在民众中的文化价值和美誉度不高,严重影响到其消费者的价值认同。第八,在管理层面,尚未充分发挥农垦的体制优势,农垦与员工(经营农户)、农垦集团与农场企业之间的关系还没有完全理顺,管理效率低,监督成本高,约束机制和激励机制缺位,长期以来对农垦的运营效率造成消极影响。以上八个问题,需要在垦区集团化和农场企业化改制过程中加以系统性的解决。

二、农垦构建现代企业制度的路径选择:股权结构和治理结构的完善

现代企业制度的精髓是制衡、激励、约束。所谓制衡,是

建立一套企业内部各种话语权力相互平衡的机制，以达到决策机制的最优化；所谓激励和约束，是构建一套对员工和管理层的激励和约束机制，以最大限度解决委托—代理问题。构建现代企业制度必须从两个维度入手，一个维度是建立能够适应企业当前市场竞争条件和未来发展战略的多元化的合理的产权（股权）结构，另一个维度是构建完善的公司（法人）治理结构，产权结构和公司治理结构相互依存相互影响，共同对一个企业的绩效产生影响，其中产权结构又是相对主导的因素，产权结构在一定程度上制约和决定了公司治理结构。垦区集团化和农场企业化的核心和关键，是构建合理的适应于农垦未来发展的产权结构和公司治理结构，推动现代企业制度的建设和完善，从而使农垦真正回归企业本质，回归市场，能够真正成为自主经营、自负盈亏、决策科学、财务可持续、市场竞争力强的市场主体。

从产权结构来看，要推动农垦体系的股权结构的多元化，大力推进混合所有制改革，其目标是通过引进各类社会资本，与区域内有技术优势、市场优势和资源优势的各类资本进行有效融合，将其整合进股权结构中，达到强强联合、优势互补的作用。因此股权多元化的背后，就是一个农垦企业整合当地优势资源和强势资本的能力。混合所有制的要诀，不是在形式上引进一些民间资本进来，壮大农垦企业的资本实力，而是进行优势资源的深度整合，为提升农垦市场竞争力奠定基础。近年来，农垦在集团化和企业化改制过程中，混合所有制和产权多元化的步伐加快，很多农垦企业引入在当地农业产业中拥有较大影响力和市场话语权的社会资本,迅速拓展了自己的生存空间和格局,有些农垦企业引进了一些重量级的战略投资者,为农垦的未来发展和战略转型奠定了基础,比如广东农垦的广垦橡胶集团引进了中国农业产业发展基金和中国信达资产管理公司作为战略投资者。

股权多元化以及战略投资者的引入对农垦企业的公司治理和管理机制也会带来积极的影响,被引进的社会资本都是在相关行业内有相当大的市场影响力和竞争力的产业龙头企业,这些企业参与到农垦企业的公司治理之中,势必带来农垦管理体制、决策机制、激励约束机制、企业文化、营销网络、技术创新体制等多方面的变化。各地垦区要严格规范下属公司董事会、监事会、管理层、财务总监、国有产权代表等各类公司治理架构的工作程序,清晰权责关系,使各种力量在法定架构内均能对公司治理起到应有的作用。体制机制的转型是农垦企业股权多元化的最终目的。比如黑龙江农垦的北大荒集团,其所属产业化龙头企业国有产权比重较大,因此近年来积极探索引进战略投资者,通过出让国有产权、增资扩股、合资合作等方式,实现产权多元化,建立现代企业制度,引进先进技术和管理机制,完善农垦企业的经营机制,使经营机制更加灵活,使农垦对外部市场更加敏感,从而提高国际市场竞争力。

在农垦股权多元化和公司治理规范化的过程中,要着意加强农垦企业内部激励和约束机制的建设,要使员工的绩效与其努力程度密切相关,在这方面,农垦企业近年来进行了有益的探索。比如江西农垦积极有序推进管理层和员工持股,在引进民营资本进行混合所有制改革的同时,鼓励以多种形式发展管理层持股和员工持股,形成风险共担、利益共享的机制。在农垦企业二级子公司,对关键岗位的经营管理者、核心技术人员和业务骨干以及职工,鼓励按照现金入股、技术入股等多种形式发展管理层和员工持股。这些方式激发了员工和管理层的工作热情,使员工和管理层更加关注企业发展与自身的关系,从而强化了企业的激励和约束机制。

在农垦企业构建现代企业制度、完善股权结构和公司治理结构的过程中,要以资本为纽带,构建各垦区集团的新型管理体制。广东农垦在垦区集团化改革方面起步比较早,积累了有益的经验,形成了广东模式。广东农垦1994年就开始探索实施集团化改革,成立省农垦集团公司(为顺畅与中央管理部门的沟通渠道,同时保留省农垦总局牌子),并在近年来以资本为纽带,组建了湛江、茂名、阳江、揭阳、汕尾五个区域集团公司和一批现代公司制产业集团,将垦区的管理体制由原来的行政隶属关系改为投资与被投资的母子公司关系,不断完善省农垦集团—产业集团—子公司(含农场基地公司)三级管理体制和运行架构。其中,省农垦集团公司定位为战略决策中心、资本运营中心、监督控制中心和支持服务中心;产业集团定位为产业运营中心、利润中心,从事产业运营,实现经营资产的保值增值;子公司(含农场基地公司)定位为经营管理中心、成本控制中心,直接从事生产经营管理,将国有农场培育为产业集团的生产基地,成为全产业链的基础环节,与产业集团形成产业共同体和利益共同体。广东农垦以资本为纽带构建的三级管理体制以及对各管理层级的准确科学定位，为各个层级间的紧密联系和各司其职奠定了体制基础，值得在全国农垦体系进行完善推广。

三、农垦优质企业的成长之路："资本—产业—人才—品牌—技术"五位一体视角

农垦体系现代企业制度构建、进行垦区集团化和农场企业化改制，归根结底是为了打造优质的农垦企业。我认为，要培育农垦优质企业，要按照"资本—产业—人才—品牌—技术"五位一体的格局展开。

（一）通过多样化资本运作，构建现代农业产业集团

农垦集团和企业要通过资本运作进行资源整合，打造一个覆盖面广、区域产业特色凸显、产品市场竞争力强的农垦产业体系。要充分利用并购重组、参股控股等多种资本运营模式，做强做大农垦产业。通过积极鼓励和推动农垦企业上市，打造优质上市公司，利用资本市场使农垦企业的经营机制和公司治理实现彻底转型。通过资本运作构建农垦现代农业大产业、大企业，优化农垦的产业结构和产品结构，深度培育现代农业产业集团。

（二）通过全产业链整合，实现一二三产业协同发展

要充分发挥农垦的产业链优势，合理安排设计各地农垦产

业格局，努力实现一二三产业的协同融合发展。首都农业集团（北京农垦）于2017年12月由北京首都农业集团有限公司、北京粮食集团有限责任公司、北京二商集团有限公司三家企业联合重组成立，在一二三产业的全产业链布局方面做出了有益探索。联合重组后的首农食品集团，集食品生产商、供应商、服务商于一体，产业横跨农牧渔业、食品加工业、商贸服务与物产物流业，形成从田间到餐桌的全产业链条和一二三产业融合发展的全产业链格局。很多垦区在开拓区域内文化产业、酒店旅游产业、金融服务业、餐饮服务业、物业管理、生态教育等产业方面有了很好的进展，在培育新产业、拓展新业态、开发农业新功能、充分发挥域内各产业之间的融合效应上下功夫，促进了域内资源资产的整合和产业之间的互动。一些垦区集团积极拓展国际产业链，整合海外资源，比如广西农垦主动融入国家"一带一路"建设，以合资合作、并购、参股等多种模式，在印尼、越南、柬埔寨、缅甸、老挝、俄罗斯等国家，成功推进糖业、木薯淀粉、剑麻、物流等行业的项目合作和建设，形成海外的产业链体系。广东农垦则提出"海外再造新农垦"的战略目标，加快全球优势资源整合步伐，推动农垦产业链向海外拓展延伸，广垦橡胶集团完成对全球第三大天然橡胶企业泰国泰华树胶公司的收购，成为全球最大的天然橡胶全产业链经营企业，掌控天然橡胶生产能力150万吨，占全世界总产量的八分之一，此外广东垦区在东盟和非洲投资建设了天然橡胶、剑麻、木薯等45个热作生产经营项目，累计投资32亿元，海外热作产业面积约200万亩，对广东农垦实现全产业链构建、提升全球竞争力意义重大。

（三）建立市场化的人才选聘机制，大力提升人力资本

农垦集团化和企业化的关键环节是人才机制的转换。要打破封闭格局，使农垦的人才机制充分与外部市场对接，建立开放、科学、灵活、高效的用人机制。要重视农垦内部的人力资本培育，实施农垦人才职业培育计划，优化创新管理机制和绩效考核机制。要推动农垦人才聘任体制的现代化和规范化，要从经理人市场公开选拔和聘用管理人才，要在农垦体系建构能进能出、能上能下的人才甄选机制。

（四）注重农垦企业文化品牌和农垦产品品牌的塑造和推广

要在消费者、社会公众和各类媒体中大力推广"农垦品牌，值得信赖"的品牌形象，加强农垦企业品牌建设，充分利用互联网平台、社交网络平台、电子商务平台、线下社区网络等多元化的现代推广方式，致力于农垦产品品牌的打造和推广，致力于农垦企业文化品牌的塑造，使农垦品牌和企业形象深入人心。我们很多农垦企业拥有质量过硬的优质农产品，但是在农垦企业形象推广和农垦产品形象塑造方面迈不开步子，使自己的农垦优质产品"养在深闺人未识"，严重束缚了农垦的发展。在利用现代化营销平台塑造农垦品牌方面，江苏模式和上海模式值得借鉴。

江苏省农垦米业集团有限公司（简称"苏垦米业"）是2002年江苏省农垦集团整合垦区资源组建而成，该企业长期坚持推

进稻米产业纵向一体化经营,创新企业产品品牌营销机制,探索创新营销模式,多年位居"中国大米加工企业50强"前列,尤其在开展农垦产品的电子商务平台营销方面,创建了富有成效的江苏模式。该模式整合农垦系统内外的电子商务平台资源,对农垦产品品牌进行全方位的打造和营销,促进农垦产品品牌向价值链的中高端迈进,极大地提升了农垦企业品牌价值和农垦产品品牌价值,并通过打造全国性的营销渠道和整合全国物流配送资源,构建了产供销一体化的现代高效农产品生产和流通贸易模式,提高了农产品流通过程中的组织化程度。江苏模式的核心,是把农产品质量优势转化为价值优势、品牌优势、营销优势、效益优势,通过打造适应信息时代和新消费时代的崭新营销渠道,对内推动了产业转型和产品升级等农业供给侧改革,对外极大地提升了农垦的品牌影响力,增强了农垦企业和农垦产品的社会知名度和消费者美誉度,增强了企业的资源掌控权、市场话语权和利润分配权,以新的电子商务营销模式赢得了新一代消费者,这是一条可复制的农垦品牌营销之路。

上海模式在品牌经营和渠道战略方面也有很多亮点。品牌建设的最高境界是"做标准"。光明食品(集团)有限公司(上海农垦)在品牌建设中创建"光明标准",在生产加工、生产管理、质量安全、仓储物流、市场营销、售后服务等供应链全过程建立一整套"光明标准";在品牌建设和品牌能力培育方面,上海农垦加大品牌统一规划、统一管理、宣传推广与保护力度,优化品牌形象标识体系,逐步形成上海垦区母品牌高度集合、主品牌深入人心的建设能力,构建起包括国际品牌、全国品牌和区域品牌在内的相互依托、结构合理的"品牌树"。应该说，上海农垦在社会大众和消费者中已经树立了有巨大影响力的企业形象和产品品牌形象。

（五）注重技术创新，构建现代农业科技创新体系

全球农业产业竞争的核心是技术，农垦的核心竞争力最终在于技术进步。要高度注重产品的研发，通过大力提高研发投入打造拥有独立知识产权的先进农业技术和农产品加工技术。全球重要农业巨头都高度重视研发，他们在农产品良种培育、种养殖技术、农产品制作工艺、农业机械技术创新等方面投入大量人力财力，拥有自主知识产权，从而为打造具有强大市场竞争力的产品品牌和企业品牌奠定了技术基础。总体来看，中国农垦体系近年来在技术进步、自主创新方面的意识正在逐步增强，但我们与世界农业巨头的差距还比较大，要下大气力进行自主研发，争取在农业技术上不受制于人，这需要从中央到地方垦区建立一整套有利于技术创新的体制机制。

第十二章 农垦体系与中国农业技术进步

> **本章导读**
>
> 推动农业技术进步是促进我国农业供给侧结构性改革和农业高质量发展的必由之路,未来中国的农业技术进步涉及农业经营体制和农村土地制度的深刻转型,同时必须在技术创新管理体制和技术推广体制方面探索新路。作为中国农业技术进步的排头兵和主力军,农垦体系未来应该在建立技术创新激励机制、建立多元主体参与的科技进步共同体、建立完善农业科技推广体系等方面进行体制机制创新,从而以科技进步为支点,为中国农业高质量发展和国家农业安全提供战略支撑。

一、中国农业技术进步与农业高质量发展

中国经济增长正面临着由规模扩张型和要素投入型转向以科技创新为引领的内涵式高质量发展模式。这一增长模式的深刻转型不仅内在地要求在经济发展过程中更加注重全要素生产率的提升、更加注重发展的可持续和人与自然的均衡和谐、更

加注重科技在经济增长中的贡献率,而且内在地要求与高质量发展相匹配的经济管理体制、企业管理体制、知识创新体制,进而要求整个国家治理模式的深刻变迁。

农业供给侧结构性改革和农业高质量发展是我国未来农业可持续发展的必然要求,而农业供给侧改革和农业高质量发展的核心是提高农业科技进步在农业发展中的贡献率,彻底改变我国传统的建立在小农经济基础上的农业生产方式。我国农业产业从规模上来说是十分庞大的,但是农业生产方式比较落后,农业生产的机械化、智能化、标准化程度较低,现代农业技术应用的广度(覆盖面)和深度(对各类农业经营主体的渗透程度和在农业全产业链上的渗透程度)较低,这就导致我国的农业产业大而不强。在全球农业市场开放的条件下我国农业的劣势比较明显,农业生产的规模扩张和农产品的产量增长,并不能保障农民收入增长,也不能全面保障我国的农业安全。究其根源,这与我国农业经营制度和土地制度的结构有深刻的内在关联。我国农业经营制度虽然是"双层经营体制",但是以小农生产方式为主,以家庭的分散式经营和决策为基础;我国的农村土地制度是以农村土地家庭承包制为基础的三权分立体制,虽然现有农村土地制度保障了农地的流转权从而为土地的集约利用奠定了法律基础,但是从实践的层面来看,我国农业土地的集约化利用的程度还非常低,这就导致我国农业生产极端细碎化、分散化、效率低下、单产较低,难以实现农业经营的集约化、规模化和标准化。因此,我国农业供给侧结构性改革和农业高质量发展的核心,不仅是提高农业科技创新水平和农业科技推广效率,而更重要的是在农业经营体制创新和农地制度创新方面进行深刻变革,从而为农业科技进步奠定体制基础。

对于这一点,农业科技领域和农业技术推广领域的专家有切身的体会。在实践中,大量的农业科技成果被研发出来,国家层面和市场层面为农业科技推广也付出了极大的成本,但是就效果而言,农业科技创新和农业科技推广并没有在农户层面有切实的应用效果,这就反映出我国农业经营体制和农地制度的深层结构性弊端。近年来我国农业科技进步可谓突飞猛进,很多农业科技在全世界名列前茅,比如我国杂交水稻技术毫无疑问居于世界前列,袁隆平科学团队研发出来的超级杂交稻单产每公顷17.2吨,创造了世界水稻单产最高纪录,可是我国的水稻单产却长期大大落后于美国,美国水稻的单产比中国大概每公顷高出1500公斤左右。当然水稻单产的中美差距,其原因很多,既有农地质量和农地制度以及农业经营体制方面的原因,也有农业技术应用和推广方面的原因。但是这个事例至少说明,我国农业技术进步面临着比美国更复杂的农业体制因素和农地制度瓶颈约束,这些瓶颈约束的缓解乃至于消除是我国农业技术进步的基本前提。实际上,农业技术进步与农业经营体制和农地制度变迁是相互促进、互为条件的,农业技术进步本身也极大地倒逼了农业经营体制和农地制度的深刻变化。就以我国近年来迅猛推进的现代设施农业、智能农业、植物工厂等新兴现代农业生产方式的发展来说,这些高效、优质、生态、标准化、规模化的生产技术的应用和推广,极大地推动了我国土地制度的变迁,推动了土地的市场化流转和交易体制的形成,推动了我国农业经营体制的转型。

农业供给侧结构性改革、农业高质量发展和农业技术进步有赖于农业全产业链的现代化体系构建。从良种的研发到生产环节的生物技术的采用、从化肥农药的研发与供应到整个农资体系的生产和供给体系的完善、从新型农业生产设施的研发到农业机械创新、从农业组织体系的升级到农业社会化服务体系的完善和农业管理体制的创新……在整个农业产业链上,都涉及到广义的农业科技进步问题。总体看,当前我国农业全产业链的农业技术进步还处于一个起步阶段,未来一段时期面临着一个高速发展和突破性进步阶段,这在种子、农资、农机、农业设施方面体现得尤为突出,随着我国经济发展规模和水平的不断提升,随着我国科技实力和综合国力的提升,我国广义上的全产业链的农业技术进步必将进入一个高速发展和突破性进步阶段,其市场潜力巨大。

农业供给侧结构性改革、农业高质量发展和农业技术进步还有赖于我国市场机制的深入构建。客观地说,在农业领域,我国市场化机制的构建处于相对滞后状态,农业全产业链上的市场机制建设和市场完善还存在很大的发展空间。技术进步和技术推广本身,不是单纯的技术问题,而更涉及深层次的市场机制建设问题,没有市场化的机制、没有高效的资源配置机制、没有有效的激励机制,农业科技进步和农业技术推广是很难获得预期的结果的。市场化机制的构建,核心问题是处理好政府和市场的关系,既要在农业科技进步和农业技术推广方面更好地发挥政府的引领、协调、组织作用,又要充分发挥市场机制的作用，推动农业科技进步和农业技术推广的效率提升。美国、以色列等农业技术进步方面在全世界居于领先地位的国家的实践经验表明，在农业科技进步和农业技术推广方面，政府可以起到至关重要的核心引领作用，但同时在具体的项目运作方面又要尊重市场规律，要探索如何创造一种市场化的激励手段，更好地推动农业科技创新和科技推广。

改革开放以来，我国农业科技进步贡献率逐年提升，改革开放初期农业科技进步贡献率仅有百分之十几左右，而在2012—2017年间，我国农业科技进步贡献率却由53.5%提高到57.5%，近两年在这个基础上又有所提升。《中国农业农村科技发展报告（2012—2017）》显示我国农作物良种基本实现全覆盖，自主选育品种面积占比达到95%，我国在超级稻、转基因抗虫棉、禽流感疫苗等领域出现一批突破性成果，农作物耕种收综合机械化水平达到67%，农业高新技术产业不断壮大。同时，我国在农业科技进步方面的成就还体现在知识创新和自主知识产权的迅速增长。《2017中国农业科技论文与专利全球竞争力分析》显示：2014—2016年间，我国农业发明专利申请量全球第一，且近5年技术发展增速保持第一；同时在园艺、种植和播种技术、饲料和肥料几个领域相对技术优势排名第一。分析结果显示：2014—2016年间，我国农业领域基础研究受到重视，论文产量不断提高，总发文量全球排名第二；我国农业科技论文的国际影响力较高，论文总被引频次排名全球第二，学科规范化引文影响力指标高于全球平均水平；我国农业科技论文产出质量受到研究同行和高级别期刊的高度认可，高被引论文发表量和Q1期刊论文发表量均在全球排名第二（数据来源：《人民日报》2018年9月26日 第6版）。这些数据表明，我国农业技术进步在促进农业供给侧结构性改革和农业高质量发展、推动我国农业由传统农业向现代农业转型过程中起到了重要的推动作用，科技进步在农业发展中的作用日益突出，中国农业正在发生"由大到强"的历史性转变。

二、农垦体系与我国农业技术进步及农业技术推广

农垦体系在农业技术进步和农业技术推广方面拥有巨大的体制优势。我国农垦体系是我国农业经营主体中的国家队，农垦国有农场在土地经营方面具有规模优势，在农业生产方面具有商品化率高的优势，农垦拥有高素质的农业技术创新队伍和比较完善的农技推广组织网络，因此农垦体系在农业生产全产业链上的技术含量较高，是我国农业技术创新的主体、农业新技术应用和推广的主力军、新型智能化和信息化农业生产方式和管理方式的试验场与引领者，是我国农业由传统农业向现代农业转型的排头兵，在我国农业技术进步中占据不可替代、举足轻重的作用。

笔者2018年8月20日至8月29日到黑龙江垦区宝泉岭、建三江、红兴隆三个管理局考察调研了绥滨、江滨、普阳、青龙山、七星、胜利、八五九、创业、八五二、八五三、友谊11个农场，黑龙江农垦现代自动化农业生产指挥调配系统、在国际上居前沿地位的先进农业机械系统、规模巨大的智能化集中

浸种催芽基地、农场现代供应链管理体系以及在寒地水稻和大豆良种培育和耕作技术方面的世界领先成就等，均令人印象深刻。2018年9月25日习近平总书记在视察建三江七星农场时高度肯定了农垦在保障国家粮食安全中的重要作用，而发挥农垦在农业技术进步中的引领作用，对于我国粮食安全和农业竞争力的提升，都具有决定性的作用。我国在农业全产业链上的竞争力如何，很大程度上取决于我国在农业技术进步和农业技术应用推广方面的成效。以奶业为例，我国是牛奶生产大国，但是长期以来外国配方奶在我国奶业市场占据优势地位，在一二线城市乳品市场上外国品牌的市场占有率达到80%以上，其主要原因在于我国奶业全产业链的科技水平和奶业生产组织方式与外国奶业同行相比存在较大差距。全球奶业科技进步不仅体现在养殖环节的智能化数据监控（对苜蓿和青贮玉米等饲料种植与采购环节、防疫环节和养殖环境进行全方位监控）和乳产品加工科技创新，而且还涉及冷链物流体系的全方位完善、优质奶源基地建设以及龙头奶业企业与科研机构和其他新型农业经营主体的对接机制，这里面既有养殖、种植、加工、物流技术的创新，又有组织和管理层面的创新，从而体现为全方位的广义上的农业科技进步。只有加大科技投入，在奶业全产业链上进行深度的技术创新与组织管理创新，才能提升中国奶业在全球农产品市场中的竞争力。近年来，我国农垦奶业企业在技术创新和组织管理创新方面步伐加快，成效显著，科技进步在奶业中的贡献率逐年提升，极大地改变了本土奶业企业在我国奶业市场上的被动局面。

未来推动我国农垦体系科技进步，要从以下几个方面着手：

首先，要从思想认识层面解决问题，农垦管理部门和农垦企业要深刻认识到科技创新在农垦发展和中国农业发展中的重要地位，全面认识习近平同志所说的"藏粮于技"的深刻用意。在谋划农垦企业发展和垦区产业布局时要将科技进步和技术推广问题放在突出位置，从顶层设计层面加大垦区发展的科技引领力度，加大农垦企业技术进步的资金投入和对技术创新人员的激励。农业技术进步往往具有高投入的特点，需要比较长时间的持续的巨额投资，如果没有顶层设计者从战略高度对科技进步重要性的深刻认识，是不可能在农业技术进步方面有所作为的。比如在农机领域，我国农业的现代化和机械化是大势所趋，农业生产加工的各产业链对农机的需求非常旺盛，但是如果没有长期的持续资金投入，如果没有长期的农机领域的科技创新，要想在农机领域占据优势竞争地位是不可能的。笔者在黑龙江农垦考察农机中心的时候，看到那些由全球著名农机企业如约翰迪尔等生产的大型农机，既感到震撼，也深感我国在农机行业存在的巨大差距。现在农机领域已经开始结合现代信息技术，由原来的单纯的农业机械化向智能化系统转型，农机领域的科技进步与大数据、云计算、物联网等新技术密切结合，形成新一代的智能农机系统，市场需求极为旺盛。我国农垦体系应该积极响应现代农业发展给农机领域带来的巨大需求，加大在农机领域的前瞻性布局，加大资金投入和人才投入的力度，力争在农机领域的全球竞争中占据一席之地，降低对约翰迪尔等跨国巨型企业产品的依赖度，打造中国自己的农机品牌，要主要依靠自主农机品牌来实现中国的农业机械化,农垦在这方面要担当重任,当然也会有巨大的商业回报。农机领域如此,在其他农业技术领域也是如此,要深刻认识技术进步的重要意义,要以科技谋农垦发展。

其次,要建立有利于科技进步和技术创新的激励机制,以更市场化的体制机制支撑和鼓励农业科技人员的技术创新。要从完善和改革技术管理体制和技术人员收入分配制度入手,使技术人员能够获得更大的内在激励从事农业技术革新。农垦企业在股权设计和薪酬设计中要更多考虑到技术入股和技术创新收益,给科技创新者更多的倾斜政策。要使科技人员在科技成果转化中获得更多的收益,带动科研成果的落地,不要使大量科研成果仅仅停留在实验室,停留在获得各种科技奖项的层面上,而要实实在在通过科技成果转化带动农垦产业的转型,推动农垦科技进步贡献率的提升。如何激励农业科技人员把自己的科研成果应用于农垦的农业生产实践,是一个需要系统考虑的重大问题。要加大农垦体系科技人才的培养力度,加大农垦科研机构的资金支持力度,推动农垦企业的转型发展。

再次,要建立多元主体参与的新型科技创新体系,以利益联结为纽带,以科技创新优势互补为导向,以促进垦区农业技术进步为目标,构建农垦体系的科技进步共同体。这个科技进步共同体要将农垦科技管理部门、农垦所属高等院校、农垦企业所在地的地方高等院校、国家级科研单位、农垦企业技术创新机构等的科研力量进行整合,通过科研资源的整合提高农垦科技进步的效率。"政府—农垦企业—农垦研究机构—大学"

之间形成一种互相促进、互相融汇的优势互补关系，将政府在平台建设中的优势、农垦企业的科技成果转化优势、农垦研究机构和大学的科技创新和研发优势结合起来。

复次，在推动我国农垦体系科技进步的过程中，农业科技推广体系的建立和完善是非常重要的一环。要建立市场机制和农垦管理机构相结合的农业技术推广体制。黑龙江农垦北安管理局在农业技术推广方面探索构建了一种功能综合性（将种子站、植保站、土肥站、气象站、信息中心和畜牧、林业、农机、水利技术推广站整合为一体）、系统网络化（在农业科技试验示范基地基础上构建"专家—农技人员—科技示范户"网络体系）、职责明确化（明确农业技术推广员的包区联户工作职责并与服务单位签订技术服务合同以明确权利义务关系）、服务信息化（建立农业信息化服务平台进行在线技术服务）、组织体系多元化（构建包括农业生产经营组织、农业科研教学单位、群众性科技组织等在内的多元化农技推广组织体系）的农业技术推广体系，有效推动了科研部门的农业技术进步与基层的农业技术推广之间的对接与融合，改变了以往农业技术进步领域"重科研轻推广"的格局，为农业科技创新成果转化为实际的生产力奠定了基础。

最后，农垦体系要以建立现代农业产业园区为核心驱动力，以建设智慧农场为突破点，推动农垦体系技术进步和技术推广，将各种农业技术创新成果更好更快地整合应用到一线农业生产实践。习总书记视察过的黑龙江农垦七星农场在打造垦区"智慧农业"示范产业园区方面探索出了自己的模式，该农场利用物联网技术对水文条件、土壤质量、光照、降雨量等信息进行自动监测和数据采集，形成自然环境、生产种植、资源资产、业务管理四大方面的农业大数据，并基于大数据分析指导农业生产，从而实现了整个农业管理的信息化并带动了农垦企业的整体技术创新和技术推广。

随着我国经济发展水平和综合国力的不断提升以及市场机制的不断完善，中国农业技术进步必将迎来一个井喷式的高速发展时期，我国农业的科技进步贡献率将极大提升，农业生产全过程必将发生极为深刻的变迁，一个集约化、标准化、智能化的新农业时代正在到来。在这个过程中，我国农垦体系发挥着举足轻重的作用，未来中国要依托农垦体系的体制优势和规模优势，加速推动中国的农业科技进步和科技转化，为中国农业的高质量发展和国家农业安全提供战略支撑。

第十三章　中国农垦国有资本管理创新与混合所有制构建

> **本章导读**
>
> 国有资本管理模式创新与混合所有制改革构成新时期农垦制度变革的两条主线。新型农垦国有资本管理体系的构建对我国农垦体系集团化和企业化改革、对农垦国资保值增值不流失、对农垦企业提质增效都具有重要的战略意义，而混合所有制改革则对农垦体制机制转型与提升产业竞争力意义重大。本章系统讨论了农垦体系建立国资投资运营平台和交易平台以及推进混合所有制改革的具体路径，并对近年来我国农垦的实践创新模式进行了梳理。本章认为，农垦混合所有制改革的核心是实现现代企业制度构建和公司治理转型，要避免形式主义的混改模式。

一、构建中国农垦新型国有资本管理体系的意义与动因

（一）农垦制度变革的两条主线

农垦体系作为我国农业领域国有资本的重要组成部分，在

我国实现农业现代化和保障国家农业安全方面具备明显的体制优势。新一轮农垦改革在强化这一国家级农业资本的体制优势的同时，着重从宏观层面的农垦新型国有资本管理运营机制和微观层面的农垦企业产权结构与法人治理结构变革两条主线，推动中国农垦体系的机制创新。这两条主线，构成我国新时期农垦体制改革的互为条件、互相保障、互相融合的两股力量，其中构建新型国有资本管理运营体系的目标是在市场化机制基础上实现国有农业资本的保值增值和要素有效配置，而农垦企业产权结构和法人治理结构变革的目标则是通过混合所有制的构建实现微观主体运行机制的创新，从而构成农垦体系集团化和企业化改革的微观基础。

（二）建立新型农垦国有资本管理体系的内涵与意义

我国国有资产管理体系经历了从直接到间接、从微观到宏观、从行政化到市场化、从管企业到管资产再到管资本的历史变迁[1]，这一演变逻辑是与我国社会主义市场经济体制变迁的大逻辑相匹配的，我国农垦国有资本管理体系自然也必须遵循这一逻辑。本章所说国有资本管理体系包括机构和平台两个层面，机构层面的国有资本管理体系主要是指在国资委等相关部门指导下成立的国有资本管理机构（包括国有资本投资运营和监督考核机构），平台层面的国有资本管理体系主要指根据相关法律

---

[1] 王丹莉：《新中国国有资产管理模式的演变：从全面介入到两权分离》，《当代中国史研究》2016 年第 5 期。

建立的各种国有资本交易、评估、转让、清算的平台，如产权交易所等。近年来，无论在机构层面还是在平台层面，农垦体系的国有资本管理体系正在迅速建立和发展，对我国农垦体系的改革和发展壮大具有重要的意义。

第一，构建新型国有资本管理体系是农垦集团化和农场企业化的重要制度前提。农垦集团化和农场企业化意味着农垦体系运行的微观机制发生了深刻的变化，但这一微观机制的创新离不开宏观层面的国有资本管理体制的创新，只有在宏观层面建立一整套国有资本评估、交易、监督的市场化体制，才能为农垦企业的市场化运行、为农垦企业的现代企业制度建设奠定基础。

第二，构建新型国有资本管理体系是保障农垦国有资本不流失的重要制度前提。长期以来，农垦国有资产交易体制不尽完备和规范，在一定程度上为国有资产流失和各种寻租现象开了方便之门。农垦新型国有资本管理体系就是要建立一套公开的、透明的、竞争的、合理的定价与交易体系，有效防止贱卖国有资产，有效杜绝国有资本交易中的腐败。

第三，构建新型国有资本管理体系是保障农垦体系提质增效、实现战略转型的重要制度前提。农垦体系目前处于关键的战略转型期，这种战略转型所涉及的大量产权交易（企业之间的产权转移）和产业整合（产业重组）行为必须以有效的国有资本管理体系为基础。

第四，构建新型国有资本管理体系是农垦体系实现由管资产向管资本转变的重要制度前提。新型国有资本管理体系着重通过市场机制，通过产权联系和公司治理机制，实现对农垦国有企业的资本管理，而不介入具体的农垦企业经营。这就意味着农垦国有资本管理不再以直接的行政介入和管理介入实现对农垦国有企业控制，而主要关注农垦国有资产的保值增值，这就为农垦企业的机制转化奠定了基础。

第五，构建新型国有资本管理体系是农垦体系各种资源实现有效的市场化配置的制度前提。在农垦体系的资源配置和资源整合过程中，必然会面对兼并收购、股权转让、引进战略投资者等多种形式的交易，新型国有资本管理体系的构建为这些交易的顺利进行提供了制度条件。

第六，构建新型国有资本管理体系还是农垦混合所有制改革过程中建立科学规范的法人治理结构的前提。在新型国有资本管理体系中，国有资本管理机构可通过建立规范的现代企业公司治理来实现对企业运营的参与，比如通过派驻董事参与董事会决策来参与公司治理，这就必然导致农垦企业的公司治理发生深刻的变化。

（三）建立新型农垦国有资本管理体系的五大动因

以上我们讨论了农垦体系构建新型国有资本管理体制对于农垦发展的意义，在实践中，任何有关股权的转移和交易都会涉及到国有资本管理机构和交易平台的运作。具体来说，大致有五种动因：

一是破产清算动因。一些运营管理绩效欠佳、资产质量差、亏损严重的农垦企业，应按照《公司法》的相关法律规定，进行破产清算，这就需要在国有资产交易平台上对破产企业的资产进行有效处置。

二是兼并重组动因。农垦企业从产业集群的角度，对上下游产业进行相应的整合，以提升自己在产业链上的竞争力，从而需要在国有资产交易平台上进行产权交易以实现各产业之间的兼并重组。

三是战略转型动因。一些农垦企业的若干产业板块已经丧失竞争力，或农垦企业的产业发展重点已经进行了调整，因此对原产业结构中应淘汰的产业及其股权就需要在国有资本交易平台上进行转让。

四是盘活闲置资产和提高资产流动性动因。一些农垦企业为了盘活长期闲置的各种资产，或为了使现有资产更具流动性以实现其资产价值，可通过国有资产交易平台进行估价和交易。比如近年来农垦企业对所拥有的土地资产进行估价、交易，或以估价后的土地来入股改制后的农垦企业，取得了明显的绩效。

五是上市和引进战略投资者等重大股权变动动因。这些涉及重大股权变动的行为都需要有效的国有资本管理和国有资本交易的平台来实现。

二、在新型国有资本管理体系支撑下推动农垦体系混合所有制改革

2015年以来，我国农垦体系进入了一个大改革、大发展的新时代，这一重要转折的主要推动力是农垦的集团化、企业化和市场化改革，而背后最重要的制度创新与制度保障则是国有

资本管理体系的重构和农垦企业的混合所有制改革。

（一）组建农垦国有资本投资运营公司

按照市场化的方式组建国有资本投资和运营平台，是新一轮国资管理体制改革的核心[①]，农垦的国资管理体系创新的要点也在于此。这就涉及到两层委托—代理关系的处理。第一层委托—代理关系是国资委与农垦国有资本投资运营公司的委托—代理关系。国有资本投资运营公司是按照市场化原则建立起来的法人组织，国资委要建立相应的监督体系、考核体系、薪酬体系，建立科学的激励约束机制，避免农垦国有资本投资运营公司的代理人风险。

第二层是农垦国有资本投资运营公司与农垦企业的委托—代理关系。农垦国资投资运营公司与农垦企业是投资和被投资的关系，农垦国资投资运营公司以股东的身份、以市场化机制、以规范的法人治理结构来参与到所投资的农垦企业中，不再搞以前的直接行政干预。当然，农垦国有资本投资运营公司自身也应该建立相应的市场化的激励约束机制和科学规范的法人治理模式。

（二）建立农垦国有资本产权交易体系

建立农垦国有资本产权交易体系，从而推动农垦体系的股权交易、资产评估、兼并收购、资产重组的有效进行，从而为

[①] 王曙光、徐余江：《混合所有制经济与国有资产管理模式创新：委托—代理视角》，《中共中央党校学报》2017年第7期。

农垦体系的产业结构升级和市场竞争力提升提供条件。农垦国有资本产权交易体系要建立科学的风险防范机制、有效的监督措施、统一的交易规范，保障国有资产交易遵循严格规范的交易规则，保障国有资产不流失。要推动土地、知识产权等资产进入交易平台，进行有效的价值评估、入股和转让，促进各种市场要素的有效配置。

（三）推动农垦混合所有制经济构建

在农垦国有资本投资运营公司和交易平台的有效支撑下，大力推动我国农垦体系的混合所有制经济构建。针对每一个地区、每一个农垦企业、每一个农垦产业的差异性，制订差异化的、有针对性的混改方案，确保混合所有制改革能够有利于农垦企业的市场竞争力的提升、有利于农垦产业结构的转型和升级、有利于农垦体系资产质量的提升、有利于农垦企业内部法人治理结构的完善。要从产业链的角度、从市场竞争和产业重组角度，选择适宜的有竞争力的社会资本，实现农垦国有资本和民营资本的有机整合与优势互补，通过农垦国有资本的绝对控股、相对控股以及不控股等不同的股权结构形式，实现农垦企业的股权多元化，建立农垦体系内部国有经济和民营经济共生共赢的新模式。

三、农垦体系稳健推进混合所有制改革的实践模式与创新

近年来，中央直属农垦和地方农垦在集团化和企业化的总

目标下进行了系统的产权改革和运营机制变革,构建农垦体系混合所有制经济成为改革的重点和核心,各地结合当地的产业结构和市场竞争结构,在混改的模式方面进行了大量的创新。

海南农垦在混合所有制改革中探索将混改与清理僵尸企业、剥离不良资产等工作相结合,在混改中解决传统体制遗留的问题和弊病,借混改之机转换整个农垦体系的经营机制。以海垦建工集团的混合所有制改革为例,海垦建工在混改实施方案中强调清理僵尸企业、剥离不良资产等工作的重要性,对集团下属的原有企业进行彻底的清产核资和资产评估,对于那些经营严重亏损且长期未运转的僵尸企业进行清查和撤并,减少冗员稳妥安置职工,减少不必要的开支,使改制后的混合所有制企业卸掉包袱轻装上阵。我国农垦体系中存在大量的僵尸企业,由于以往人事方面的牵掣和内部关系方面的困难,导致这些僵尸企业在很长时期难以处理,不仅消耗了大量的资源,用宝贵的利润养了很多不该养的冗员,而且助长了农垦内部的腐败、偷懒等行为,对农垦体系的激励约束机制和效率都形成了极大的消极影响。海垦建工集团从清理僵尸企业和清产核资、消化不良资产入手进行混合所有制改革,并以公开挂牌征集受让方的形式引进具有市场竞争力的战略投资者,在保持控股地位的同时与其他战略投资者优势互补,彻底转换经营机制,极大地增强了企业的活力。下大气力、下大决心,彻底解决僵尸企业,把该关停的企业坚决关停,把该剥离的冗员坚决剥离,才能为以后的发展奠定好的基础。海垦建工引进民营企业联泰集团入股70292万元人民币,持有海垦建工集团49%股份;海垦集团作为国有独资企业，持有海垦建工集团 51% 股份，实现强强联合。

安徽、浙江农垦在土地资本化方面进行了可贵的探索。土地是农垦最重要的存量资源之一，在混合所有制改革中，土地资源作为一种可交易的资源在股权设计中占据重要地位，全国农垦已有约 650 万亩土地经评估作价后注入农垦集团或企业，新增资本金 379.63 亿元。以土地作价入股新的混合所有制企业，其前提是要对土地价值进行合理的科学的评估，从而为农垦混改后建立产权清晰的现代企业制度奠定基础，也为在混改之后加强国有资本的实力奠定基础。在混改过程中，安徽农垦充分合理地对所拥有的土地进行了整合和盘活，将自己及下属公司 63.99 万亩土地使用权，通过第三方评估机构估价 240.95 亿元，作为国有股权注入集团公司。浙江农垦所属的余杭农林集团积极推进土地资产化，将经过科学评估总地价为 41.5 亿元的 5.47 万亩土地资产作为国有资本金注入农林集团。在我国农垦体系推行"农场企业化"的过程中，要大力鼓励垦区土地租金实行市场化定价，有利于释放土地盈利空间，体现土地合理价值。要鼓励土地资源通过证券化、资产抵押、信托流转等方式实现资本化，把土地这个宝贵的资源用好用活。

广东农垦在混合所有制改革中注重引进金融和资产管理领域的战略投资者，积极探索员工持股以建立全新的激励约束机制。广东农垦近年来充分利用多层次资本市场，积极推进产业集团改制上市，广垦橡胶集团成功引进中国农业产业发展基金、中国信达资产管理有限公司等战略投资者注资 5 亿元，并积极稳妥推进管理层持股计划和核心技术骨干持股，激发核心员工的内生动力,彻底转换企业的激励机制。

江西农垦在混合所有制改革中通过股权结构的优化,引进优质央企作为合作伙伴建立混合所有制企业,从而为拓宽产业链、实现产业结构的升级奠定了基础,创造了"混改+产业升级"模式。江西渝水南英垦区集团与文化产业类央企合作,农垦以17371亩国有土地评估作价7.5亿元入股占49%、央企以现金7.8亿元左右入股占51%,成立混合所有制集团公司,计划投资15亿元开发红色文化产业园和温泉小镇,这对于农垦充分利用自己的农业和文化资源进行产业链的延伸与产业结构提升优化有重要意义。农垦的混合所有制改革,不是"为混改而混改",其目标是提升农垦企业的市场竞争力,因此需要从产业入手,注重从产业结构的转型、产业层级的提升上做文章,该放弃的产业坚决放弃,该整合的产业积极整合,通过混改引入外力,从而夯实自己在产业层面的竞争能力。

当然,无论是建立农垦新型国有资本投资运营体系和交易平台,还是从产权角度推动农垦的混合所有制改革,其目标都是彻底改变农垦的经营机制,使农垦的体制机制充满活力。尤其是在农垦的混改过程中,要避免形式主义,避免一刀切,要一企一策、因地制宜,要注重现代企业制度的构建和公司治理的转型,要让入股的民营资本和其他股权所有者真正发挥其作用,合力实现农垦的机制变革。

第十四章 中国农垦一二三产业融合发展战略

> **本章导读**
>
> 通过利用现代科技和制度创新手段，突破产业边界从而实现一二三产业融合共生，是现代农业发展的必然趋势。我国农垦体系具备产业组织优势、产业链和产业集聚优势、所有制和政府支持优势、管理技术和资金优势，在农业一二三产业融合和农业供给侧结构性改革中扮演着重要角色。农垦体系应通过互联网、物联网、大数据和云计算技术，通过引进上下游产业的社会资本，通过特色城镇建设，构建新型农业业态，打造产业融合、功能多元、优势突出的现代农业产业链和企业集团。

一、业态融合：现代农业、农业供给侧改革与一二三产业融合发展

现代农业是一个业态融合的概念，而不是以往传统经济学中所讲的单纯的第一产业的概念。实际上，现代农业本身就内在地包含了一二三产业融合发展的理念，即一二三产业突破传

统的产业界限而实现高度融合和高度整合，不同的业态相互交叉渗透、相互促进激励，彼此成为对方转型发展的条件与助力，彼此为对方提升边际产出价值。在现代技术尤其是互联网技术的推动之下，产业界限的消弭和融合成为一种新趋势，这一趋势正在对现代农业的产业形态、产业发展模式和增值模式产生深刻的影响。推动现代农业业态转型和产业融合的驱动力除了技术进步之外，还有现代农业所依托的组织体系的转型以及农地产权关系的变革，前者属于生产力层面的条件，后者属于生产关系层面的条件。

农业供给侧改革的根本目标是提升现代整个产业链的效率，并同时保障农业全产业链的可持续性与安全性。一二三产业融合的发展道路，为农业供给侧结构性改革提供了一条可行的途径。在农业一二三产业融合的过程中，由于应用了现代信息技术（包括互联网技术、物联网技术和大数据云计算技术等），深刻改变了农业养殖种植业、农业加工制造业和农业文化旅游服务业的业态（包括生产制造方式和服务提供方式以及组织形式），使农业各产业链的内在联系空前加强；同时，一二三产业融合极大地拉近了农业产业全产业链的消费者和供给者之间的关系，消费者和供给者之间的交互性大大增强，从而增强了整个农业产业的体验性与价值创造能力。消费者的差异化需求能够以最快的时间传递到供给者，使得供给者不仅可以根据消费者需要及时更新生产技术并改进生产流程，而且可以极大地拉近消费者和供给者之间的空间距离与心理距离，降低了信息不对称和信息不完全的成本，从而为提升各产业的边际产出价值提供了基础。

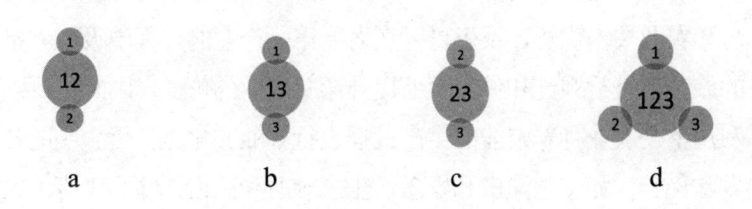

图 14.1　现代农业一二三产业融合发展示意图

现代农业一二三产业融合发展可以具体分为几种类型（见图 14.1）：

（一）图 14.1a 表示农业种养殖业与农业加工制造业的相互促进、渗透与融合。随着我国经济发展和人民生活水平的不断提高，消费者对农业加工制造业产品的质量安全和生态安全的关注度不断提升，这就对农业供给侧改革提出了更高的要求，农业加工制造业必须呼应这样的需求，否则中国的农业加工制造业就会面临全行业的困境。农业种养殖业作为农业加工制造业的上游产业，其生产过程的可监测性、可回溯性和生态上的安全性，是影响下游加工制造业产品质量的最关键因素。借助现代信息技术，农业养殖种植业可以做到生产的全过程可监测、所有产品可回溯，从而为消费者消费农业加工制造业产品提供了必要的鉴别信息，极大地有利于上下游产业之间的互动和沟通，使上下游的种养殖业和加工制造业都获得了效率提升和增值。

（二）图 14.1b 表示种养殖业与第三产业（农业文化、旅游和服务）的相互促进、渗透与融合。种养殖业和农业文化旅游服务业的融合是非常自然的，种养殖业借助其种养殖的生态环境优势和农业技术优势，不仅可以在发展第一产业的过程中吸引大量的旅游者进行观光和体验从而提升第一产业的价值，同时更可以利用整个农业种养殖业的生产过程进行农业文化服务衍生品的开发和设计，如文艺演出和娱乐、生态旅游和民俗体验、青少年农业文化教育培训、农业电子商务服务等，这些服务本身包含着特殊的独立价值，而且可以极大地为第一产业提供增值服务。

（三）图14.1c表示农业加工制造业和第三产业（农业文化、旅游和服务）的相互促进、渗透与融合。农业加工制造业的核心痛点是产品品牌建设、营销网络和消费者信息管理，而正在兴起的农业网商（第三方平台）为品牌建设、营销网络和消费者信息管理提供了极为有效的平台。通过农业网商（第三方平台）的产品推介和营销，农业加工制造业企业可以迅速提升企业品牌和产品知名度，扩大消费者网络；同时通过大数据云计算技术可以从海量的消费者数据中发现消费者偏好和特定消费群体结构，从而为加工制造业的产品创新、技术创新以及针对特定消费群体的营销创新奠定数据基础，这些都会极大地推动农业加工制造业的供给侧结构性改革。同时，农业文化产业中的各种衍生品的开发和设计也为新型的农业加工制造业的创新发展提供了巨大的潜在空间，比如各种地方民族特色民俗工艺品的制造加工就是一种新兴的加工制造业。

（四）图14.1d表示种养殖业、农业加工制造业和农业文化旅游和服务业等一二三产业相互促进、渗透与融合。这种融合既可以发生于一个企业集团内部（假定这个企业集团可以容纳三大产业），也可以发生于农业产业链上不同的企业之间。每一个产业都对其他产业的业态与产品形成了正向的影响，通过信息流、客户流、资金流在不同产业间的传递和循环，农业三大产业之间的隔阂和界限正在消失，从而成为互相促进互相渗透的命运共同体，共同打造一个有效率（产品提供的速度和质量更佳）、有温度（客户体验更好）、有规模（三大产业融合可以有效拓展产业边界）、有品牌（总体提升三大产业品牌价值）、有安全（信息的充分和对称导致全产业链的安全性增加）的农业产业链体系，从而实现现代农业的真正革命。

二、中国农垦一二三产业融合发展战略：目标、优势与路径

（一）目标与现状

中国农垦体系近年来在企业集团化和企业化、剥离社会职能方面进行了深刻的变革，为农垦下一阶段的发展奠定了体制基础。从产业发展角度来看，农垦体系正在走出低谷期，而向飞速发展期和转型期迈进。在这一过程中，产业体系的转型升级是非常关键的，而一二三产业融合发展为农垦产业的转型升级提供了特别的契机。农垦体系一二三产业融合的目标是在农业供给侧结构性改革大战略的背景之下，通过技术创新和组织机制创新，形成各产业相互渗透和互补的完整产业链，构建一个以现代信息技术为载体的具备新型业态的产业综合体，全面提升农垦在一二三产业上的生态质量和市场效益，提升农垦产

业在全球农业市场上的竞争力，为中国现代农业的发展和农业安全提供有力保障。

目前，从总体来看，农垦体系的产业发展出现了一些新的态势，一二三产业融合发展的趋势已经十分清晰，各地均创造出不同的一二三产业融合的新模式。但另一方面，各地农垦在一二三产业融合方面的思路还不清晰，战略定位还不够高，顶层设计还有待加强，一二三产业融合的体制机制还没有完全建立。根据农业农村部农垦局和中国农垦经济发展中心编《中国农垦财务年鉴2018》提供的数据，2017年度我国农垦体系的利润增长比较显著，实现利润总额223.82亿元，首次突破200亿元，比上年增加51.27亿元，增长29.71%。从三次产业来看，第一和第三产业都出现下降的情况，第二产业有所增长，具体来说，农业实现利润52.97亿元，比上年减少15.99亿元，下降23.19%；第二产业实现利润100.96亿元，较上年增加68.44亿元，增长210.46%；第三产业实现利润69.89亿元，较上年减少1.19亿元，下降1.67%，其中商品流通业12.09亿元，较上年减少8.47亿元，下降41.20%，服务业57.71亿元，较上年增加7.55亿元，增长15.05%。从以上数据来看，我国农垦体系三大产业的发展并不均衡，第二产业"一增"和一三产业"双降"的局面表明三大产业融合的优势还没有完全发挥出来，第二产业在利润方面的突飞猛进并没有带动一三产业的快速发展。这就为下一步农垦体系一二三产业融合发展提出了迫切的要求。

（二）优势

实际上，在中国目前各种农业经营主体中，农垦体系最具备一二三产业融合的优势：

第一是产业组织优势。我国是一个以小农为主的国家，农业经营规模小，土地细碎化情况严重，在这种大格局中，农垦体系的产业组织优势就凸显出来。据农业农村部统计，截至2016年年底，我国经营规模在50亩以下的农户有近2.6亿户，占农户总数的97%左右，经营的耕地面积占全国耕地总面积的82%左右，户均耕地面积5亩左右。经营规模在50亩以上的新型农业主体约有350万个，经营耕地总面积约3.5亿亩，平均经营规模达到100亩。这个规模比起其他资本主义国家的农业企业和大农场相形见绌。而我国农垦企业经营耕地面积9300多万亩，占全国耕地总面积的4.6%，农业经营的规模效应十分突出（数据来源：屈冬玉：《以信息化加快推进小农现代化》，《人民日报》2017年6月5日）。黑龙江农垦、新疆生产建设兵团以及各省农垦企业和农场，都分布在广阔的地域，具备实现一二三产业融合发展的产业组织优势，解决了其他农业经营主体难以解决的土地集约化经营和规模化经营的问题，发挥了土地的规模经济效应。

第二是产业链优势和产业集聚优势。在大部分农垦地区，都构建了比较完整的农业全产业链，农业的养殖种植业、加工制造业、物流运输业、服务业一应俱全，产业链之间存在天然的联系；同时，在农垦的经营地域中，往往出现某一产业的自然集聚现象,比如有些地区制种业比较集中,有些地区畜牧和畜制品加工业比较集中,有些地区大田作物和粮食加工存储业比较集中,因此自然呈现出特定的产业集聚优势,这对于一二三产业融合过程中构建具备地域特色和市场竞争力的产业集群非常有益。

第三是所有制优势和政府支持优势。农垦企业属于国家队,其承担的国家粮食安全和农业安全的使命以及其在现代农业产业中的龙头地位,决定了地方政府对农垦的支持力度。在这种背景下,农垦若欲实现一二三产业融合发展和各产业链上的企业组织的整合,具备了比较有利的条件,很多上下游的各种社会资本会自然聚拢到农垦企业周围,通过混合所有制改革的途径,吸引大量社会资本参与,从而构建全产业链竞争优势。在政府的支持下,农垦通过流转从而整合小农户的能力也很突出,从而使农垦可以与周边农村小农户更好衔接,实现要素的对接和产业的融合。

第四是资金、技术研发优势及品牌和管理优势。农垦企业比起一般的农业经营主体和农企,具备资金、技术研发、品牌和管理优势,因此农垦能够以资本为纽带,以科研和管理为后盾,培育具有国际竞争力的、产业齐全、功能完备的大型现代农业企业集团。

(三)路径

农垦实现一二三产业融合发展的路径选择应从以下工作着手:

第一，农垦要通过一二三产业融合发展，构建新型的农业业态，调整农业产业结构。在互联网支持下，农业电子商务、农业旅游文化、农业体验式营销和推广等新型业态会不断出现，一些基于互联网和物联网的农业平台将颠覆以往农业产业的传统形态。农垦企业拥有丰富的旅游文化资源，但总体来说各地农垦对本地区旅游文化产业对农业产业的渗透还不够重视，农垦往往将农业文化旅游视为单纯的产业，还没有将其纳入一二三产业融合的大框架中去考虑。农垦的科技水平较高，文化积淀较深，应大力将科技、人文等元素融入农业生产的全过程，发展农田艺术景观、农业新技术展示、农业教育与农事体验、现代农艺等创意农业，在新的农业业态的基础上推广个性化定制农业、观光会展农业、农业众筹、共享农庄等新型业态，这些新型业态的发展对原有的第一产业和第二产业都有直接的推动作用。

第二，农垦可以通过引进社会资本和混合所有制改革整合区域内各产业链的企业，实现优势互补，从而在全产业链上打造一个现代化农业产业集团，每个环节既突出产业优势，又兼顾上下游产业之间的衔接和优势互补，从而实现强强联合和产业融合。比如主要从事农业种植和养殖产业的农垦企业，可以通过兼并或合作的方式引进优质的文化旅游企业，根据农垦企业的生产特点和产品品牌特点，全方位设计农垦文化旅游产品，从而为第一产业增值服务。

第三，农垦要大力利用先进前沿技术，发展智慧农业，促进一二三产业融合。农垦要积极开展"互联网+现代农业"的体系重构，推进现代信息技术应用于农业加工生产、经营管理和社会化服务，要对区域内的大田粮食作物种植、畜禽养殖、渔业捕捞和加工等产业进行物联网改造，从而实现现代农业的智慧化。农垦要集中建设一批农业物联网基地，建立完善产品可追溯、质量可控制、环境可监测的支撑保障体系，提高农业精准化和智能化水平。农垦要积极采用大数据和云计算等前沿技术，改进自身质量监测和追踪、产业发展的分析预警等手段。农垦要大力促进体验式农业、供求双方互动式农业的发展，促进农业各产业链与新兴的互联网技术、物联网技术、大数据云计算技术的对接。农垦要建立沟通生产者和消费者的产品追溯体系，通过对传统农业种养殖业和加工制造业的物联网改造，拉近消费者和生产者的距离。比如牛奶生产者就可以通过物联网把每一瓶牛奶与奶源地相对应，使消费者在消费每一杯牛奶时可以通过物联网了解牛奶的来源、了解牧场牧草的长势、了解整个牛奶生产和运输的全过程，从而增强农产品消费者的客户体验，这对提升农垦产品的品牌效应是非常有益的。我们的很多农垦产品质量过硬，但是往往因缺乏前沿时尚的推介营销手段而"养在深闺人未识"，这种状况必须打破。

第四，要加强农垦与其他新型经营主体的对接，打造上下游产业链和供应链的密切互动关系网络。农垦可以广泛地与当地的农户、农民专业合作社、家庭农场、龙头企业相对接，通过土地流转、资本整合、产业衔接合作等方式，优势互补，实现一二三产业的融合发展。这就需要各地在土地流转、土地产权交易等方面加强制度建设和创新。

第五，农垦要与区域内的城镇化建设相对接。农垦要致力于打造特色小镇，通过对某一优势产业的精心打造构建富于人文和产业特性的城镇，并依托特色小镇融合三大产业。比如云南农垦可以通过普洱茶小镇、海南农垦可以通过橡胶和热带水果小镇、内蒙古垦区可以通过草原文化小镇等特色城镇化建设，突出主业，并在此基础上大力发展与当地特色农产品相关的文化旅游、衍生品开发、农产品制造加工、电子商务、特色民宿、农业教育、现代物流和仓储等产业，围绕主业打造一个产业链完整、各产业高度融合的产业集群，发挥产业的集聚效应。农垦要深度结合当地的历史、地域、民族特点，结合当地的传统文化保护和农业文化遗产，开发相关文化旅游品牌，传播中国优秀农业文明和农业文化，这些工作的拓展空间都非常大。

三、中国农垦一二三产业融合发展的区域创新模式

近年来，各地农垦在一二三产业融合方面迈开了坚实的步伐，也探索了很多有益的经验模式。比如在第一和第二产业融合方面，天津垦区十分注重产业调整和产业融合，他们从一二三产业融合入手，实施产业联动，延伸产业链条，拓展产业范围，将农业产业、工业产业和商贸服务业紧密结合。天津垦区加速与大北农的合作步伐，打造年供市场 100 万头生猪的养殖产业链，通过与养殖端的紧密合作，建立质量监测系统，保障猪源安全可控，提升农业安全度和客户满意度。以基地建设为切入点，以发展现代农业、规模农业、订单农业为目标，

强化食品安全，建立规模农业基地，建设年供超 100 万斤水果的精品果园和万亩蔬菜基地，建设安全奶源基地，建设粮食产储加销基地，将第一和第二产业的发展紧密衔接，增强了农业加工制造来源的可控性。

在促进二三产业融合方面，黑龙江垦区近年进展明显。黑龙江垦区近年来服务业获得了较大的发展，2017 年垦区服务业实现营业总收入 34.98 亿元，比上年增长 4.7%，实现利润 4.98 亿元，比上年增长 89.9%（数据来源：《中国农垦财务年鉴 2018》）。黑龙江垦区 2017 年以来建立了农业科技、国际商贸、农产品加工制造等各类企业，涉及不同的产业，对于提升黑龙江垦区全产业链竞争优势、统筹垦区产业布局，有着重要意义。笔者多次考察黑龙江垦区，深感黑龙江垦区拥有丰富的旅游资源、文化资源，第三产业进一步开发的潜力很大，第三产业对于第一和第二产业的推动作用极为明显，目前整个黑龙江垦区利用第三产业推动一二产业发展的力度还不够，未来前景可观。未来黑龙江垦区将重点整合加工、流通、文旅等要素资源，构建安全绿色、低碳节能、统一有序的加工体系、物流体系、产品推广体系，增强北大荒集团的综合实力。

在推动域内旅游文化产业发展并将旅游文化产业与农业养殖种植业和农业加工制造业等产业紧密融合方面，海南农垦、河北农垦、江西农垦进行了积极探索。海南农垦利用当地得天独厚的地理优势和文化旅游资源，大力发展休闲度假、创意农业、农耕体验、特色民俗与乡村工艺体验、海上捕捞体验等产业，形成功能多元的立体式的休闲农业和新型农业文化业态。

河北垦区大力推进产业融合,积极开展国家现代农业庄园建设,计划到 2020 年建成集精深加工、农耕体验、旅游观光、健康养老、教育文化等功能于一体的田园综合体"升级版"。江西垦区则以智慧平台提升产业层级,以技术创新引领产业升级,以互联互通拓展产业空间,实现垦区发展由传统业态向新型业态的转变。江西垦区把每个农场作为功能完整的旅游目的地来建设,全力推动"旅游+"项目,使旅游产业与农业、林业、工业、文化、医药等相关产业深度融合、共荣共生,旅游业成为拉动其他产业的巨大引擎,为其他产业提供了新动能。江西垦区的罗铺垦殖场、井冈山企业集团、东固垦殖场、太平垦殖场等通过全力打造现代生态农业观光园、种养一体化休闲观光园,通过对历史文化资源进行深度立体开发(知青文化创业园),通过"旅游+民宿"、"旅游+节庆"等品牌,有力支持了当地的农业产业品牌,激发了农垦一二三产业融合的"乘法效应"。

广东农垦和上海农垦十分重视激活域内农业文化资源,重塑新型农业业态,提高农业附加值。广东农垦近年来全力打造广垦茂名国家热带农业公园和广垦湛江国家现代农业示范区科技园,这两个国家级园区的建立对于推动农业供给侧结构性改革和一二三产业融合发展具有重要意义。农业休闲旅游产业和现代农业科技示范园区激活了当地积淀深厚的农垦文化和农业文化,盘活休眠的"美丽资源",构筑了产业融合的有效路径,一些相关服务业围绕园区建设获得了空前的发展,如汽车租赁业、酒店业、景区运营平台等,对农垦的整体品牌价值提升起到重要作用。上海农垦积极推动绿色农业体系建构,重构整个现代农业产业链，推动三产融合。一是重构农业产品结构，通过将农业产业链、供应链、价值链提升作为基础和核心，突出调整优化农业产业结构，不断提升农业竞争力。二是重构农业竞争优势，实施沃土工程、生态田园、体验农场和精致农业，通过发展生态旅游、开展农业体验和农业教育、深度挖掘田园综合体的文化内涵，使农业的竞争优势不断提升，同时也增强了农垦产品的品牌效应和市场口碑。三是重构农业服务体系，通过建立资金服务、科技服务、信息服务、物流服务、人才服务等，提升农业产业的竞争力和附加值。整合垦区分散的金融、土地、信息、产品、渠道等资源，构筑垦区投资、资金、土地、资产、信息的一体化平台，通过线上和线下结合，推进各产业多元协同融合，加快改造传统产业、传统业态，实现商业模式与管理创新（资料来源：《中国农垦财务年鉴2018》）。

以上各地农垦在一二三产业融合发展方面的探索和经验，值得各地参考借鉴。各地应根据自己资源禀赋的特征和产业发展优势，充分利用科技手段和组织制度创新，打造产业融合、功能全面、优势突出的现代农业产业链和企业集团，从而彻底改变农垦市场效益徘徊的局面，实现农垦各产业的深刻转型。

第十五章　中国农业供应链金融创新与农垦发展

本章导读

乡村振兴战略和农业供给侧结构性改革促进了农业一二三产业融合发展和农业产业链的完善，为农业供应链金融提供了制度条件，而物联网、互联网以及金融科技创新则为农业供应链金融提供了技术条件。近年来，我国大型农业生产制造和物流仓储企业、商业银行和政策性银行、农业互联网电商企业等在农业供应链金融方面进行了大量的金融创新，创造了多元化模式。农垦体系由于其独特的体制优势和较大的农业产业化优势，必然成为我国农业供应链金融的重要载体，供应链金融的发展必将为农垦体系发展提供巨大助力。未来应加强农垦体系与金融机构的整合，应加强金融机构的信息处理能力、加强农垦体系信用体系和信息共享平台建设、仓单银行机制和农村产权交易机制建设，促进农垦体系农业供应链金融健康快速发展。

一、引言：当前农业农村金融和农业产业的现状

随着我国乡村振兴战略的深入实施和农业供给侧结构性改革的深入进行，我国农业农村金融体系发生了深刻的变化。近年来，在乡村振兴战略的引领与推动下，我国农村经营制度和土地制度的变革与创新明显加快，新型农村经营主体的发展壮大引人注目，土地流转和土地信托等新型土地制度也在农村悄然孕育并迅速推广。这些制度变革与创新既对农业农村金融提出了新的挑战，也预示着农业农村金融发展的崭新的机遇与前景，从而倒逼农业农村金融不断通过技术创新和产品创新，促使农业金融机构不断改变其产品的结构、运作的流程及与客户互动的方式，以适应农业农村发展的新要求。

农业供给侧结构性改革也使得现代农业体系不断得以发展完善，农业的产业化速度与规模空前提升，农业一二三产业融合的趋势更加明显。现代农业是一个业态融合的概念，即一二三产业突破传统的产业界限而实现高度融合和高度整合，不同的业态相互交叉渗透、相互促进激励，彼此成为对方转型发展的条件与助力，彼此为对方提升边际产出价值。在现代技术尤其是互联网技术的推动之下，产业界限的消弭和融合成为一种新趋势，这一趋势正在对现代农业的产业形态、产业发展模式和增值模式产生深刻的影响。而农业供给侧改革的根本目标是提升当代整个产业链的效率，并同时保障农业全产业链的可持续性与安全性。在农业一二三产业融合的过程中，由于应

用了现代信息技术（包括互联网技术、物联网技术和大数据云计算技术等），深刻改变了农业养殖种植业、农业加工制造业和农业文化旅游服务业的业态（包括生产制造方式和服务提供方式以及组织形式），使农业各产业链的内在联系空前加强，并极大地降低了信息不对称和信息不完全的成本，从而为提升各产业的边际产出价值以及加强各产业之间和各企业之间的纵向一体化协作提供了产业组织基础。现代农业一二三产业融合和产业链的形成，为农业农村金融带来了新的发展机遇，使供应链金融与产业链金融应运而生，为解决中小企业和新型经营主体以及农户的融资难问题提供了新的途径。

二、有效开展农业供应链金融的制度条件和技术条件

农业供应链金融就是农业农村金融机构将农业核心企业及其产业上下游的企业和其他参与者加以整合和连接，通过他们之间相互的产业关系和财务联系而创造相应的金融产品与服务，从而提升整个农业产业链上所有企业和参与者的信贷可及性，同时农业农村金融机构利用他们之间的产业和财务关系并运用新的金融科技与信息手段，极大地提高信息的完备性和对称性，有效降低融资风险。供应链金融的视野不再只是局限于对单一企业进行融资服务，而是着眼于一个"系统"展开金融服务，着眼于通过这个系统中各个主体的相互关系而创造新的金融产品，并通过他们之间的关系而确保信贷的安全性。然而要有效开展农业供应链金融，需要具备一定的制度条件和技术条件，

这些条件主要是：

（一）农业企业的发展和企业制度的发育。农业企业尤其是核心企业（龙头企业）的成长以及企业制度本身的完善，是供应链金融发展的重要前提。一个大型农业企业（无论这个农业企业是加工制造业还是农产品电子商务企业抑或是物流企业）的诞生，往往意味着在它的周围会带动一大批上下游产业，这些企业的成长，能够构建一个集生产商、物流商、分销商、仓储机构等于一体的产业集聚体。农业农村金融机构就可以以龙头企业为核心，根据其供应链关系而构建供应链金融体系。近年来，随着农业产业化的发展，随着各种市场要素的集聚作用的加强，我国农业企业正在迅猛发展，并形成了一批具有市场竞争力和完整产业链的大中型农业企业，这些农业企业对于上下游产业的整合能力正在迅速增强。这些龙头企业中，既有实力雄厚的农业加工制造企业，也有大型的农业物流仓储和农产品电子商务企业，这些企业不仅规模较大，其产业整合能力也非常强，这就为供应链金融的开展提供了有力支撑。

（二）农业企业命运共同体和产业链的构建。随着我国农业产业化和农业要素市场化的推进，农业企业之间的交易更加频繁，其经济和技术联系更加紧密，从而天然形成相互依赖、相互促进、相互渗透的紧密的命运共同体关系。这一紧密的命运共同体使得农业产业链条上的各个主体出于各自利益的考虑，愿意以自己的信用来为对方增信，愿意以自己的风险承担行为为对方降低风险，从而达到共荣共生的目标。商业银行正是利用了这一共同体关系，设计出产业链上下游企业之间、企业与合作社以及农户之间的特定财务关系纽带（如相应的抵押、质押、担保、保险、信托关系等），为降低银行的信贷风险提供各种保障机制。

（三）金融科技与信息技术的发展以保障农业信息的完备性和即时性。商业银行在服务于数量庞大的农业主体（尤其是中小农业企业、合作社、家庭农场以及农户）的过程中，最大的困难和挑战来自于信息，因为农业的信息极为分散且不对称，而且信息获致成本在传统模式下是非常之高的。在以往农业各产业链条和各经营主体之间的关系尚不紧密的时候，在他们之间的信息传递是缺乏效率的，因而农业各产业链条和各经营主体之间的信息是不对称的、不完备的，相互之间不能获得有效的即时的信息。在这种情况下，一个饲料生产商就难以为养殖合作社或养殖户提供担保，一个蔬菜加工制造商就很难为一个蔬菜生产合作社或菜农提供担保。但是在密切的共同体关系和产业链关系中，农业企业之间、农业企业和其他农业经营主体之间的信息更加对称和完备，同时随着互联网和物联网技术的不断普及，农业企业之间的信息交流更加有效，信息的完备性、正确性和即时性大为增强。一个仓储物流企业和农业电子商务企业可以很容易获得关于自己客户的所有信息，而这些信息不仅是对称的（可靠的），而且是即时的（可以以低成本迅速获得），从而使得一个商业银行能够在金融科技和信息技术的支撑下借助这些信息正确评估客户信用并有效控制信贷风险。

（四）农业生产的组织化。一个有效的农业供应链金融体系必须与规模化农业和产业化农业相联系，而不可能建立在一个细碎化、原子化、分散化的农业组织之上。因此，在原来的传统小农体系之下，注定是很难发育出比较成熟的农业供应链金融体系的。当前，随着我国农业和农村的发展，农业新型经营主体的发展十分迅猛，小农经济正在逐渐被有组织的大农经济所取代，而家庭农场、大中型养殖户、农民合作经济组织等，在经济联系和制度架构上更容易与大中型龙头企业相对接，更容易与其他经济要素相对接，这就为供应链金融的发展提供了农业组织条件。而同时，规模化农业经营组织对接小农户的能力也在逐步增强，这就为供应链金融服务于农户提供了制度组织条件。比如一个牛奶加工企业可以与很多个具备一定规模的家庭农场、养殖大户和养牛合作社进行对接，而这些家庭农场、养殖大户和养牛合作社又可以通过各种产权和要素连接的形式与农户对接，从而使得商业银行服务于农户有了现实可能性。在实践中，牛奶加工企业可以为奶牛养殖大户和奶牛合作社进行担保，从而使它们获得商业银行的贷款，而奶牛养殖大户和奶牛合作社可以通过各种形式再进一步带动小农户的发展。

（五）银行抵押担保机制的完善和金融产品创新能力的提升。商业银行要利用供应链金融拓展自己的金融服务，首先就要洞察自己所在区域的农业产业发展状况和农业产业链的构成状况，从而为系统性地设计供应链金融产品和流程奠定基础。同时，供应链金融要求银行不仅要不断灵活创造新的抵押担保机制，比如针对渔业的滩涂抵押机制、针对林业的林权抵押机制、针对养殖业的抵押机制等，还要为各主体之间灵活的担保关系创造条件，用不同的抵押担保产品适应不同的农业企业和农业经营主体的需要。

（六）银行信息管理系统、信用评估系统和风险预警控制系统的变革。商业银行的核心是风险控制。在新的互联网、物联网等信息科技条件下，银行获得信息的成本大为降低，银行的信息渠道也空前拓展。商业银行应具备较高的金融科技创新能力，具备完善的金融科技硬件和软件设施，要与各个农业电子商务平台、物流平台、仓储平台、大型企业等主体充分分享信息，接入相关端口，有效获得有关客户的信息。同时，在新的科技条件下，商业银行要大力改造自己的信息管理系统、信用评估系统（模型）、风险预警和风险控制系统，以增强自己的信息处理能力和风险处置能力。

（七）农村农业产权交易体系的完善。农业供应链金融体系要成功有效运作，就必然涉及到抵押物的处置问题，必然涉及到产业链上下游的企业之间以及企业与银行之间的产权交易问题。这就要求农业农村必须建立完善的产权交易体系。当前，我国农业经营各要素的产权交易机制正在逐步形成和完善，各地因地制宜，建立了很多农村产权交易所，通过即时的信息披露、通过规范的契约文件、通过产权交易双方平等的交易关系，实现农村农业各要素的合理流动和有效配置。这为供应链金融实施后商业银行和其他参与者之间的产权交易奠定了制度基础。

从以上分析可以看出，随着我国农业产业化、组织化、企业化、市场化、信息化的深入推进，随着农业供给侧结构性改革、乡村振兴战略的实施，随着商业银行经营机制的变革和金融科技的广泛应用，我国农业供应链金融体系虽然还面临一些挑战和困难，但基本具备了比较好的发展条件，可以说，农业供应链金融迎来了发展的黄金时代。

三、我国农业供应链金融发展的基本模式与制度创新

（一）我国农业供应链金融的基本模式：从核心企业的类型来分类

我国农业供应链金融的发展模式呈现多样化特征，从参与供应链金融的核心企业的角度来说，大约可以分为四类，兹将这四类的特点、运作模式及其优势分述如下：

1. 以上游的农业生产资料供应企业为主体和核心的供应链金融

改革开放以来，我国一大批大型的农业生产资料供应企业不断发展壮大，这些企业涉及化肥、农药、种子、饲料以及其他重要农业生产资料的生产和供应。这些企业在长期的经营过程中，与大量种植户、养殖户、合作社和农业企业形成稳定的交易关系，因此对这些下游客户的经营信息和财务信息有着比较准确的把握和判断。这些上游的农业生产资料供应企业出于稳定自己的供应链客户的考虑，希望与下游的种植户、养殖户、合作社和农业企业形成牢固的命运共同体，因此他们愿意在商业银行的供应链融资服务中为这些下游客户充当担保人，同时也可能利用自有资金通过供应链融资为这些下游客户直接提供融资服务。实际上，传统上上游农业生产资料供应企业对下游客户（主要是种养殖户）的赊销行为，也是一种供应链金融服务。

2. 以下游的农业加工制造企业为主体和核心的供应链金融

农业加工制造业处在农业产业链比较顶端的位置，它的上游产业是农业原材料供给者（主要是种养殖户和农业合作社以及家庭农场）。农业加工制造业通过长期与种养殖户等客户的购买关系，积累了大量关于客户产品的数量和质量的信息，他们可以基于双方的信任关系与客户形成比较稳定的订单关系，从而使得上游的种养殖户可以获得稳定的预期收入。无论是农业加工制造企业获得的巨量的客户信息，还是它给种养殖户（以及合作社）提供的订单，对于商业银行的供应链金融而言都具有极大的信用评估价值、风险甄别价值和担保价值。在商业银行的供应链金融服务中，处于核心地位的加工制造企业可以为商业银行提供有关种养殖户的财务和经营的信息，也可以直接为种养殖户进行担保，还可以通过开立订单，使种养殖户可以持此订单向商业银行做抵押（应收账款抵押）而获得银行的贷款。这一形式的供应链金融在粮食等行业已经获得比较普遍的应用，粮食加工制造企业在其中扮演了重要的角色。

3. 以农业物流仓储企业为主体和核心的供应链金融

物流仓储企业既联系着产业链上游的种养殖业（实践中以种植业居多），也联系着下游的销售端、加工制造端。一个物流仓储企业的最大优势，乃是它掌握的关于种植者和加工制造者的存货信息，这些存货信息是银行判断这些种植者和加工制造者的信用状况和财务状况的重要依据。在以农业物流仓储企业为主体和核心的供应链金融中，商业银行可以通过农业物流仓储企业开立的关于客户存货的仓单（载明客户的存货的质量和数量)来判断这些贷款需求者的信用,客户也可以持仓单作为抵押向银行申请贷款,一旦这个客户违约而难以偿还贷款,这个仓单所依据的存货可以被拍卖或进行其他处置;由于仓单所具有的标准化合约的性质,仓单本身可以被贴现、再贴现或者在二级市场上转让,这本身也构成供应链金融的一部分。而由于物联网的突飞猛进,存放在物流仓储机构的存货信息可以被商业银行以及其他上下游客户直接观察到,确保了存货信息的即时性、完备性和对称性,从而使商业银行的供应链金融的风险大大降低了。

4. 以覆盖农业全产业链的互联网电子商务企业为主体和核心的供应链金融

互联网电子商务企业的客户主要是农业中小企业,这些农业中小企业以及个体种养殖户将自己的农业产品借助互联网电子商务企业进行销售,他们的销售信息、现金流信息、客户对其进行的质量反馈信息等等,都会即时地、毫无损耗地、完整地反映到互联网电子商务企业的后台,而互联网电子商务企业获取这些信息几乎是没有任何成本的,这是互联网电子商务企业进行基于互联网的供应链金融服务的最大优势。互联网电子商务企业可以利用这些信息直接对农业中小企业进行信贷服务,它们可以通过云计算技术对相关信息进行处理,对客户进行分层,对客户的结构和融资需求进行科学分析,从而开发有针对性的金融产品。当然从理论上来说,互联网电子商务企业也可以应中小企业和商业银行的要求而出售这些信息(大数据),通过信息(大数据)的提供而获得收益,从而支持商业银行的供应链金融服务。

（二）我国农业供应链金融的基本模式：从融资主体的类型来分类

从承担融资的主体来看，农业供应链金融的融资主体也是多种多样的，主要是以下四种：

1. 以商业银行为融资主体的供应链金融

商业银行仍然是最重要的供应链金融的融资主体，其优势在于商业银行实际上几乎可以为所有的农业经营主体和农业企业（包括互联网电子商务企业）提供融资服务，在这个过程中自然与所有农业经营主体和农企形成牢固的交易关系。商业银行提供农业供应链金融服务的基础是商业银行对各地农业产业链的深刻理解以及对产业链上各企业经营状况的全面把握，同时也需要商业银行能够具备对基于互联网和物联网的大数据进行正确分析并进而设计相应的金融产品的能力。

2. 以互联网金融机构为融资主体和形式的供应链金融

近年来互联网金融在中国得到了长足的发展并随着我国法律法规的不断完善而逐渐规范化。互联网金融具有成本低、规模效应强等线上优势，互联网金融机构依托相关大数据对农业产业链上的各个企业进行供应链金融服务，创造了与商业银行完全不同的信贷模式，但是其抵押机制（如仓单抵押）和担保机制（如利用上下游产业之间的关系进行担保）的基本原理则无二致。实践中，以互联网金融为融资主体的供应链金融也常与商业银行的线下优势相对接，从而与银行形成供应链金融中彼此合作的关系。

3. 以农业企业为融资主体的供应链金融

以农业企业为融资主体的供应链金融包括农业生产资料供应商和农业养殖企业提供的供应链融资服务和农业物流仓储企业提供的供应链融资服务。与商业银行相比，农业企业与农业上下游产业的连结更紧密，所获得的信息以及获取信息的渠道更可靠，因此，在供应链金融中具备一定的优势。但是农业企业作为融资主体的供应链金融，在资金、金融经营经验以及融资的规模效应上与商业银行相比有一定的劣势。

4. 以电子商务企业为融资主体的供应链金融

电子商务企业为融资主体具备信息（大数据）优势和线上融资的成本优势，同时又具备对巨量农业产业的极强的整合能力、渗透能力、延展能力，可以说以电子商务企业为融资主体的供应链金融是一种全产业链的、全功能的供应链金融，既可以独立进行供应链金融的运作，也可以与其他种类的融资主体合作进行供应链金融服务。

（三）我国农业供应链金融的典型案例

以农业种养殖企业为核心和融资主体的农业供应链金融的典型代表是大北农集团。在数年前提出的"智慧大北农"战略的引领下，大北农集团在生猪养殖和生猪养殖相关服务的基础上，建立了由服务养殖户的"猪管网"、服务经销商的"智农网"、对各类客户进行金融服务的"农信网"以及生猪交易服务平台和金融服务移动端"智农通"构成的一个庞大的互联网平台，凭借其在全产业链上的大数据优势和线下服务优势（这是大北农与互联网电子商务企业相比最具优势之处），为整合和贯通整个生猪产业链（包括生猪养殖管理服务、养殖农资销售、养殖户融资服务、客户理财服务、网络结算、数据分析）奠定了基础。大北农的"农信金融"利用农信云、农信商城积累的巨量的客户大数据，构建了渗透生猪产业上下游客户的风险可控、覆盖全面、财务可持续的农村普惠金融体系[1]。大北农利用供应链金融体系而为客户量身定做的"农富宝"（理财产品）、"农信贷"（农业贷款产品）、"农付通"（第三方支付产品），为我国农业供应链金融的创新提供了可供参考和复制的成功模式。

以农业生产资料供应商为核心和融资主体的农业供应链金融的典型代表是新希望集团。新希望模式包含希望金融、普惠农牧担保、保理服务、网商银行以及与开发银行合作的养殖户小额贷款等部分，其中希望金融整合农牧供应链上下游产业，为小微企业和种养殖户提供融资服务和财富管理；普惠农牧担保依托新希望集团的农牧业产业链，为农牧民获得商业银行贷款进行担保服务，从而与从事供应链金融的商业银行形成战略合作；保理业务则为农牧产业链上下游客户提供综合金融服务，为合作社/养殖户、经销商等提供融资保理服务，为融资困难的核心企业提供担保保理，为有优质应收账款的优质企业提供居间保理服务；新希望还建立了新网银行，以互联网金融为载体，以"移动互联"作为特定战略，为中小微企业和"三农"客户

---

[1] 王铁军：《农信互联：构建农业互联网金融生态圈》，《农经》2015年第7期。

提供融资；新希望与国家开发银行合作，开创"农业产业链养殖户小额贷款"模式，发挥其农业产业链优势，全面参与项目评审、融资担保、贷后管理等业务流程。[①]

以互联网电子商务企业为核心和融资主体的农业供应链金融的典型代表是阿里金融模式。阿里金融利用在线上所获得的大数据对农业全产业链的小微企业和种养殖户进行小额贷款，是国内互联网电商平台中进行小额贷款最早和最成功的案例之一。以农业仓储物流企业为核心的农业供应链金融模式在中国较多，这类模式往往以商业银行为融资主体，而物流仓储企业通过互联网和物联网技术为融资提供担保和信息服务以及仓单银行服务。以上两种方式都比较常见，不再赘述。

四、农垦大力加强农业供应链金融创新的必要性与对策建议

我国农垦体系的一二三产业融合发展的良好态势，为农垦加强农业供应链金融提供了坚实的产业基础，这一点我们在第十四章已经详尽探讨过了。当下，我国农业供应链金融发展可谓正当其时，其发展模式正逐渐趋于成熟，而商业银行、互联网电商平台、农业企业等为开展供应链金融而进行的制度创新则方兴未艾，这些都对农垦更好地参与供应链金融提供了技术条件和制度条件。

[①] 王中：《现代农业产业链中的农户小额贷款运行模式分析——以新希望集团有限公司为例》，《农村经济》2013 年第 1 期。

农垦大力加强农业供应链金融创新，主要基于下面几个方面考虑：第一，我国农垦体系农业产业体量巨大，其产业化程度高，农业现代化程度高，因此更有必要加强农业供应链金融的建设和创新，以有利于我国农垦体系农业现代化水平和农业产业化水平的进一步提升，夯实我国农业安全的基础；第二，农业供应链金融可以使农垦的一二三产业之间的联系更为紧密，其三产协同发展的效应更为凸显，从而为农垦的产业转型和升级提供助力；第三，农垦体系加强供应链金融构建和创新还有利于农垦体系内部各类企业之间的联合以及农垦和地方不同层级企业之间的联系，有利于农垦体系与金融部门、与地方龙头企业、地方合作社组织和地方种养殖大户以及各类农业服务部门的密切结合，使我国各涉农机构的联系更加紧密，从而构建一个现代化的"大农业体系"。

未来农垦在农业供应链金融方面需要特别注意以下四个问题：

第一，农垦要跟当地的商业银行和保险、担保、保理机构等金融机构密切结合，构建多种供应链金融形式。商业银行等金融机构也要加强与农垦的对接，要特别注重强化自身的信息处理能力，要基于互联网和金融科技，大力完善风险控制机制，要对农业产业链风险进行科学预判和严格管控。

第二，要加快农垦体系的信用体系建设，政府、银行、互联网平台、农垦体系的农业企业等，要加强合作，对地方的种养殖户、农业合作社和农村中小企业的信息进行整合，各个供应链金融的参与者要建立信用信息共享与处理平台，共同防范金融风险。加强商业银行与农垦体系以及地方的电子商务企业、物流仓储企业之间的业务联系和后台沟通，实现大数据的共享。

第三，政府要帮助农垦加强信息基础设施建设，在农业领域实施互联网和物联网全覆盖工程，为供应链金融的融资主体提供更及时、更便捷、更安全、更全面的信息服务。

第四，农垦要进一步完善仓单抵押机制、农业保险机制、农村产权交易机制、地方政府要完善土地流转制度等，为农业供应链金融的开展提供制度基础。

第十六章　中国农垦体系现代生态农业构建与传统农业文明

> **本章导读**
>
> 农垦的现代大农业模式不应该排斥我国传统农业文明，恰恰相反，农垦体系更有必要也更有条件融合我国古代农业文明成果，实现生态农业的升级转型。中国在源远流长的古代农业文明进程中形成了极为丰富的传统农业思想，其中天人合一和天人相参思想、五行生克和循环论思想、多业并举的立体农业思想等，对于农垦体系构建现代生态农业具有很强的借鉴意义。农垦体系要以保障粮食安全、农业安全、生态安全、食品安全为目标，借鉴古代农业文明成果，发掘和弘扬当地的农业文化遗产，在土壤养护、循环农业和立体农业建设、生态农业技术推广、生态农业质量保障体系建设和信息化体系建设等方面进行有益探索。

一、中国传统农业文明的发展阶段和基本特征

中国古代农业源远流长，在近万年的漫长历程中，发展出

颇有特色的农业文明体系,同时也催生了极为丰富的古代农业思想。这些古代农业文明的实践与思想,对东亚乃至于世界农业和文明的发展都做出了非常重大的贡献。

中国文明是一个早熟的文明。在近万年前的原始农业阶段,先人们已经在广袤的国土上创造了辉煌的农业文明,北到漠北,南到岭南,西到青藏高原,东至东海之滨,都考古发掘出大量的上万年左右的农业文化遗存。[1] 在上万年的农业实践过程中,中国的先民们逐渐从采猎经济(攫取经济)过渡到农业经济(生产经济),由旧石器时代过渡到新石器时代。在黄河流域,距今8000—7000年前的裴李岗文化和磁山文化(属于前仰韶文化时期)的主要作物是谷子(粟),考古学家在磁山遗址发现88个堆放着谷子的窖穴,原储量估计13万斤,出土农具包括石斧、石铲、石镰、加工谷物的石磨盘、石磨棒,饲养家畜包括猪、狗、鸡、牛,并出现定居的原始村落、公共墓地、半地穴式住房。在仰韶文化时期,也就是距今7000—5000年,出现大型定居农业村落遗址。距今5000—4000年的龙山文化时期,中国的农牧业更加发达,制石、制骨、制玉、制陶的专业工匠出现,阶级分化明显,文明曙光开始显现。其中黄河上游地区有代表性的文化是大地湾文化、马家窑文化、齐家文化,黄河下游地区有北辛文化、大汶口文化等。在长江流域,发现了距今7000年前左右的浙江余姚河姆渡遗址、桐乡罗家角遗址,出土

---

[1] 李根蟠:《中国古代农业》,商务印书馆2005年版;李根蟠:《农业科技史话》,社会科学文献出版社2011年版。

了丰富的栽培稻遗存。河姆渡遗址发现了 24 万斤稻谷遗存，还出土了大量耒耜，说明当时已经有比较发达的水田农业。长江中游的湖南澧县彭头山遗址和湖南道县玉蟾岩遗址，都发掘出距今 9000—10000 年的栽培稻。这些原始农业的遗存，表明我国在南北方，在黄河流域和长江流域，几乎同时都出现了比较先进的旱作技术和稻作技术，可以说明中国南北方的农业发展是同步进行的。

经过原始农业之后，中国农业文明进入了传统农业时期，包括四个主要阶段。虞、夏、商、西周、春秋是第一阶段，是原始农业向传统农业过渡的时期，也是精耕细作农业体系的萌芽期。在北方，我国的农业以沟洫农业为标志，采取比较先进的条播制，出现了"耒耜—沟洫—井田"三位一体的耕作制度，广泛种植五谷（粟［稷］、菽、黍、麦、稻），最早养蚕缫丝。第二阶段，战国、秦、汉、南北朝，是黄河流域农业生产全面大发展时期，也是北方旱农精耕细作技术体系形成和成熟期。中国在战国秦汉时期开始使用铁农具，三人二牛耦犁制出现。生产工具有很大的创新，播种的耧车早于欧洲条播机 1700 年，飓扇（风车）早于欧洲 1400 多年，灌溉用具翻车、加工用具水碓出现，显示出我国先民的极高智慧。大规模农田水利灌溉工程屡有兴建，采用轮作倒茬的耕作技术，形成耕、耙、耢、压、锄结合的耕作体系，施肥改土经验日渐丰富。第三阶段，隋、唐、五代、宋辽金、元，是我国传统农业在更大范围内蓬勃发展的时期，也是南方水田精耕细作技术体系形成和成熟期。这一时期，我国农业发展的中心逐渐从北向南转移，唐初南方的稻米开始运至北方。唐代出现当时最先进的曲辕犁、用于灌溉的高转筒车、脚踏翻车，传统农具和农业技术发展到了巅峰，南方水田耕作体系形成。第四阶段，明、清（鸦片战争前），是精耕细作农业继续发展时期，土地利用率达到传统农业最高水平。明清大规模烧荒造田、毁林造田、围海造田，耕地面积大幅增加，对自然环境必定造成一定的损害。这一时期从海外引进玉米、甘薯、马铃薯、花生、烟草、芒果、菠萝、番木瓜、番荔枝、西洋苹果、西洋梨等作物，其中玉米、甘薯和马铃薯的引进，对中国应对人口膨胀起到重要作用。明清农业技术发展减缓，堤塘综合利用的立体农业开始形成，成为世界立体农业的先驱。

纵观中国上万年的古代农业发展，呈现出几个比较重要的特点：第一，北方的农业文明与南方长江流域的农业文明几乎是同时展开的，都具有悠久的历史，可谓并行不悖，南方与北方一样同时发展出高度的农业文明，考古发现改变了"黄河文明是中华文明源头"的传统看法。第二，中国古代农业文明呈现出多元交融的特点，北方的粟作文化（旱作文化）和游牧文化，南方的稻作文化，西部的麦作文化（小麦的种植经历了漫长的由西向东的发展过程），既彼此相对独立，又在长期发展中相互交融，相互影响。第三，中国古代农业文明善于吸收外来的农业文化，具有开阔的海纳百川的胸襟。中国是八大农业物种起源国之一，中国原生的农业物种大概占全世界的20%；同时，中国又是引进外来农业物种最多的，比如说小麦、高粱、玉米、番薯、马铃薯、番茄、棉花、花生、芝麻、苹果，这些都是从域外引进的。这说明中国古代农业文明具有包容、开放的特点。

二、中国传统农业思想及其对现代农业发展的启示

中国的文明就是农业文明,我们所有的传统文化符号和文明要素,都与农业相关,中国人的民俗、节庆、服饰,乃至于中国人的信仰、哲学,都是农业文明的产物。历史悠久的农业文明也造就了中国古代丰富的农业思想和极为浩瀚的农业文献,这些对于我们今天发展现代农业有极强的指导意义。概括起来,中国传统农业思想中有几个方面值得特别重视:

第一是中国传统农业思想极为强调天人合一、天人相参,强调人和自然的和谐统一,这是中国古代农业文明一个最大的特点,也是中国土地经历了上万年的耕作仍然具有极高生产力的重要原因。基于天人相参、天人合一的农业经验,中国人发展出一整套的永续农业技术,在土壤养护和堆肥技术、水利建设和水土保持、耕作技术、灌溉技术等方面,创造了丰富的经验,使地力得以长时期保持。

第二是阴阳五行互相转换、相生相克的思想,这种思想是把整个农业生态系统看作一个互相制约、互相平衡、互相影响的普遍联系的动态网络系统。阴阳五行、寰道等思想,显示了中国人的整体性、系统性思维[①],中国人习惯于把各个农业要素

---

① 胡火金:《协和的农业——中国传统农业生态思想》,苏州大学出版社 2011 年版。

联系起来理解而不是割裂地认识各个农业要素。

第三是循环论思想。古代作物强调轮作，土壤提倡轮耕，能量强调循环，这些都是循环论的思想。在古代农业当中是没有废物的，人类和动物的任何废物都会回到自然当中加以循环，这对今天的循环农业有着巨大的启示。美国著名农学家富兰克林·H.金在《四千年农夫》中讲到中国的循环论农业思想："人从土里出生，食物取之于土，泄物还之于土，一生结束，又回到土地。一代又一代，周而复始。靠着这个自然循环，人类在这块土地上生活了五千年。人成为这个循环的一部分，他们的农业不是和土地对立的农业，而是和谐的农业。"[1]

第四是立体农业和生态农业的思想。中国古代农业强调多业并举，立体农业，综合经营。比如太湖地区有农牧桑蚕渔系统，珠江三角洲地区有桑基鱼塘系统，这些实际上都是立体农业、生态农业思想的实践。

今天，我们在现代农业发展方面既有很多进步，也遭遇了很多挑战，人类面临着生态安全、农业安全、食品安全等重大问题。在现代农业当中，过量地使用农药和化肥带来农产品质量下降和土壤退化的危机。人类过度地利用土地，忘记了古代用养结合的理念，导致土地生产力下降，地力得不到恢复。很多地方种植作物比较单一，对土壤是严重不利的，人类逐渐用工业化思维来发展农业，严重地消耗了资源，而立体农业和循

---

[1] 富兰克林·H.金：《四千年农夫——中国、朝鲜和日本的永续农业》，东方出版社2011年版。

环农业的思维被抛弃。这些问题,都导致现代农业的可持续性受到威胁,人类的生态危机和农业危机愈加严重。面对这些挑战,我们该如何应对?一方面,我们应该汲取古代农业思想中的精华,重新回到中国古代农业的天人相参、顺应自然、循环发展的思路。我们要发展集约型农业,要因地制宜走生态农业、循环农业、立体农业的路子,不能以生态为代价来发展农业,不能以破坏土壤为代价来提高产量。在这些方面,农垦作为中国现代农业的国家队,必须汲取现代农业发展中的一些经验教训,借鉴我国古代农业文明的智慧,从而探索出一条适合中国国情和农业条件的现代农业可持续发展之路。

三、中国农垦构建现代生态农业要大力汲取传统农业文明

农垦体系作为我国农业经营体系中有着特殊地位和作用的国有农业体系,代表着我国农业现代化、机械化、智能化的最高水平,代表着农业科技和农业管理的最高水平,在我国农业安全、粮食安全、生态安全中扮演着特殊的重要角色。可以说,农垦体系是我国农业现代化进程中最重要的一支力量,农垦体系在我国农业现代化中具备很多特殊的优势。即使在实现集团化、企业化和产权的混合所有制改革之后,农垦体系的主体部分也是国有的农业体系,因此其担负的国家安全责任极为重大,其具备的体制优势非常明显。农垦体系拥有近一亿亩耕地,具有极大的规模效应的优势,而且由于农垦在管理上的特殊性,农垦可以在广阔的耕地上进行大规模的标准化、规范化和现代

化农业作业,这种标准化、规范化和现代化的农业作业模式,十分有利于先进农业技术的推广,有利于提高农业生产的质量和集约化水平,对于现代农业和生态农业的构建十分有利。现代农业管理的一整套技术,包括水利灌溉技术、育种技术、土壤测试和改良技术、施肥技术、害虫防治技术、耕作和收割技术、农作物存储技术和加工技术等,都可以在如此广阔的土地上实现快速的标准化的推广和实施。农垦体系的最终目标,是实现中国的粮食安全(保障粮食和其他重要农产品的有效供给)、农业安全(农业种子培育和基因保护、肥料供给、土壤养护、灌溉体系等的安全保障)、生态安全(保障在发展现代农业的过程中实现生态环境的安全,尤其是空气、水和土壤的安全,实现人和自然的和谐,实现农业的可持续发展)、食品安全(为国民提供安全的粮食及其加工品)。因此,农垦体系不仅要保障我国粮食产量和其他农作物产量的增长,从而从"量"上保证中国的粮食安全(够吃),而且要在"质"上保证中国的农业安全、生态安全和食品安全(吃得好且保证农业可持续),在这些方面,我国古老的农业文明可以给农垦体系提供很多借鉴。未来农垦体系在构建现代生态农业方面,要从以下几个方面着手:

第一,从农业现代化的指导思想和顶层设计层面,要把提高粮食产量、保障粮食供给安全与保障农业安全、生态安全、食品安全置于同样的高度,要在顶层设计层面把促进人和自然的和谐发展、天人合一和天人相参的思想摆在优先的位置,把构建生态农业和可持续农业作为最高的指导思想。农垦要建构三位一体的农业目标体系,即把粮食安全目标、农业可持续发展目标、生态环境保护目标这三大目标统筹协调起来，实现综合的、系统的、永续的发展。

第二，农垦体系要在农业生产中注重借鉴我国古代农业文明中注重土地用养结合的做法，注重用有机的生态的模式加强土壤的养护和改良，使得地力可以得到长久的保持，这是保证农业可持续发展的重要前提，也是生态农业发展的根基。比如黑龙江农垦拥有非常肥沃的广阔的黑土地，这片土地具有极高的生态价值，因此在土地耕作、灌溉、施肥、喷洒农药的过程中，要把保护黑土地、注重黑土地的土壤养护、不过分利用土地、更不能污染黑土地作为最高的农业发展原则，在进行任何的农业作业中，都要把保护和养护土地作为第一要务。在进行水利设施建设、施肥、喷洒农药、育种和浸种以及农业耕作过程中，要进行科学的土壤测试和土壤承受力检测，针对化肥和农药对土壤的破坏进行严格的科学评估，并加强相关领域的科研，争取把对土壤的破坏降低到最低限度，并利用有效的手段来减缓破坏。中国古代农业文明中的堆肥方式、利用有机物和自然天敌进行杀虫的方式、对土地进行轮作和休耕的方式，都可以进行借鉴。

第三，在土地综合利用和生态保护方面，借鉴中国古代循环农业、立体农业的智慧，从而在提高土地综合利用效率的同时，有效保护整个农业生态环境。我国南方的桑基鱼塘系统中，把栽种桑树、养蚕、养鱼等结合起来，形成一个生态循环系统；浙江青田和东北等地的稻鱼稻蟹共作系统，把水稻和鱼蟹进行综合养殖，提高了土地利用效率。笔者曾在黑龙江农垦考察，那里也在水稻种植中探索稻蟹和稻鱼共作，是大田作业的重要创新，不仅提高了土地产出和经济效益，而且减少了水稻的病虫害，降低了农药的喷洒施用量。在黑龙江农垦宝泉岭分局，那里的养殖企业、供电能源企业和种植业相互协作，构成一个循环农业产业链条：养殖场养鸡产生的大量粪便是发电厂的重要原料，既减少了环境污染，又降低了发电厂的成本；发电厂利用完的粪便废渣还可以作为有机肥料，经加工后进行肥田，提高了土地的肥力，这样就在不同的产业链间形成了一个生态循环系统，对于减少环境污染、提高生态质量、改善农业条件都起到良好作用。

第四，农垦体系在发展现代农业的过程中，要大力发掘中国古代传统农业文化遗产，由此不仅可以提升农业的质量，而且还可以发展垦区的旅游业、观光农业、体验农业和垦区的文化产业。我国南北东西各个地方都有非常丰富的农业文化遗产，比如内蒙古的旱作农业系统和牧区农业系统，江苏太湖地区的桑基鱼塘系统、新疆的坎儿井农业灌溉系统、广西和云南的梯田系统等，这些都是闻名世界的重要农业文化遗产（中国有15处联合国命名的全球重要农业文化遗产，还有上百处中国农业部命名的国家级农业文化遗产），这些遗产都是垦区发展现代农业以及发展相关第三产业的重要基础。如果我们把垦区内古老的农业遗产故事系统地讲出来，农业产业、旅游产业和文化产业的附加值会更高。

第五，农垦体系在构建生态农业过程中要建立"三位一体质量保障体系"，即把生产者（农垦企业和农场）、消费者和农业专家（科研工作者）有机结合起来，共同促进生态农业发展。

要创造各种机制，让消费者参与到生态农业的构建过程，很多农垦地区通过生态旅游和生态教育使消费者了解生态农业，了解农垦的优质生态产品和生态农业的运作流程，这对于推动农垦生态农业发展和推广农垦农业品牌有重要意义。各地农垦还要通过建立农业文化遗产和生态农业博物馆以及农事体验园等方式，使消费者了解垦区的农业文化和优质农产品。农垦要特别重视农业专家的作用，全方位构建与垦区内外大学专家、农业院校专家和科研院所专家的合作机制，将专家们关于生态农业的智慧尽快应用于农业生产和加工一线。

第六，农垦体系要利用自身的规模优势、技术研发优势和组织优势，在构建生态农业和提升农产品质量的过程中，将其土壤测试和改良技术、无公害化肥和农药使用技术以及其他生态农业技术向小农户和其他农业经营主体进行大力推广和普及，有效带动垦区内其他农业经营主体的生态农业水平。

第七，农垦体系要特别重视构建生态农业过程中的农业信息化和智能化建设，要及时将育种、土壤、施肥、农药施用、农产品加工等过程中的有关信息进行共享，设立农业生态大数据平台，以便于对农业生产各环节给当地生态环境造成的影响进行科学监测与评估。

总之，未来农垦体系的大农业，将不仅为我国人民提供足够多的农产品，而且将以"质"的优势，提供生态、有机、安全的农产品，使农垦成为中国生态农业的先行者和排头兵，从而使中国人民在实现农业现代化和粮食安全的同时，能够享受人和自然的和谐共存。

第十七章　国家主权级农业产业基金构建与中国农垦发展

> **本章导读**
>
> 建立一个国家主权级的、带有战略性投融资使命的、运营尽量市场化和规范化的农业产业基金,这是中国保障国家农业安全和实现农业现代化并在全球农业竞争中立于不败之地的重要基础。它是由一国政府拥有和管理的,以国有资本为主导、多种所有制经济成分共同参与发起的,以支持国家农业产业发展战略为目标并兼具增值盈利功能的市场化运作的主权级基金平台。农垦体系必须参与到国家主权级农业产业基金中来,成为主权农业基金的重要组成部分;同时,国家主权级农业产业基金必须将农垦体系作为主要的支持对象,大力支持农垦体系的产业发展、产业整合与技术进步,从而使农垦体系更好地履行其农业现代化和农业安全的历史使命。

一、为什么要建立国家主权级的农业产业基金平台?

农业产业是国家经济建设与发展的关乎国计民生的基础性

产业，如何充分调动国有资本，积极吸引多种所有制经济成分参与到农业现代化建设中，实现农业产业化、保障国家粮食安全，促使农业民族企业积极参与全球农业价值链构建、提升我国农业国际竞争力，推动农业技术创新，是当下亟待解决的命题。农业产业对于中国来说，是一个战略性的产业，关乎中国整体的国家安全，因此对于这样一个产业的金融支持，跟一般的产业是不一样的。我们认为必须建立一个国家主权级的、带有战略性投融资使命的、运营尽量市场化和规范化的农业产业基金，这是中国保障国家农业安全和实现农业现代化并在全球农业竞争中立于不败之地的重要基础。于是笔者和北京大学中国战略与国企改革研究团队在2017年就提出建立"国家主权级农业产业基金"这一国家级投融资基金平台的构想[1]，这一构想在农业产业界和投资界也引起了较大的反响。在我们的设想中，这个国家主权级的农业产业基金，由国有资本主导发起，广泛吸收民间资本等多种所有制经济成分共同参与，具备承担并分散农业生产经营风险的能力，通过安全有效的资本投放及市场化的退出机制和平台，推动国家农业产业发展战略的有效实施，保障国家农业安全，有效提升中国农业的国际竞争力。

国家主权级农业产业投资基金平台的构建是否必要呢？要回答这个问题，就要了解我国农业产业当前面临的新形势。近年来，我国农业产业的内部生产要素和外部环境发生了深刻变

---

[1] 参见王曙光、冯璐、轩兴垄：《混合所有制视角下国家主权级农业产业基金构建与制度创新》，《农村金融研究》2017年第9期。

化，农业发展已进入跨越"中等收入陷阱"的关键期，农业发展进入占国内生产总值10%的重要转折点[1]，这意味着中国特色农业现代化已全面进入结构性调整的历史转型阶段，伴随的是农业内部阶段性难题与外部国际环境压力交织并存。对于内部而言，土地、劳动力等要素价格上涨推动农业生产成本上升，供需缺口不断增大埋下粮食安全隐患，长期粗犷的生产耕作方式使资源环境约束更紧迫。对于外部而言，在农业国际化加深的外部环境下，我国农业国际竞争力的提升面临严峻挑战。从统计数据看，近年来农产品进口规模增长迅猛，大宗农产品基本全面净进口，国内外农产品价格持续倒挂。这意味着两个事实：其一，我国农业对外贸易依存度更高，国际农产品市场上的风险可以通过更广泛的渠道更直接迅速地向国内传导；其二，国外资本势力已深入中国农业产业领域甚至完成在中国农业产业领域上中下游的全产业链布局，开始影响甚至改变中国国内农产品产业价值链的基本架构[2]，世界500强的涉农企业通过并购、参股等方式进入中国市场，加重了农业产业安全隐患。可见，无论从宏观层面国家农业安全的视角，还是从微观层面促进企业所有制改革、提高配置效率的视角来看，一个主权级别的巨型农业产业基金平台都是国家农业产业发展战略实施的必需机制和必经路径。

---

[1] 张红宇、张海阳、李伟毅、李冠佑：《中国特色农业现代化：目标定位与改革创新》，《中国农村经济》2015年第1期。

[2] 刘林青、周潞：《比较优势、FDI与中国农产品产业国际竞争力——基于全球价值链背景下的思考》，《国际贸易问题》2011年第12期。

本章将结合我们在 2017 年对国家主权级农业产业基金的相关设想,并具体从中国农垦如何参与国家主权级农业产业基金以及国家主权级农业产业基金如何支持农垦发展等方面来展开一些讨论。

二、国家主权级农业产业基金的基本定位和功能

与一般意义上的农业产业投资基金不同,我们在 2017 年提出的"主权级农业产业基金"有其国家发展战略层面上的独特内涵。它是由一国政府拥有和管理的,以国有资本为主导、多种所有制经济成分共同参与发起的,以支持国家农业产业发展战略为目标、兼具增值盈利功能的市场化运作的主权级基金平台。其产业战略目标主要是保障国家农业安全、调整产业内部结构、推动国有涉农企业混合所有制改革、提升农业产业国际竞争力。从本质上讲,主权农业产业基金属于市场化、专门化的长期机构投资者。该平台通过现代投资基金制度,借助于市场主导力量,融合多种所有制经济主体,承载着引导产业发展的职能。致力于服务"三农",在追求经济效益的同时,重视社会效益和正外部性,承担社会责任。该基金平台在设立初衷上有别于普通的农业产业投资基金,具体来说,有以下几个鲜明特征:第一,国有资本在国家主权级农业产业基金中占绝对控股地位。它以保障国家农业安全、提升我国农业产业国际竞争力为目标,以充分灵活配置各种经济成分和社会资源为手段,广泛吸纳多种经济主体参与多元化、分散化的投资组合,实现

利益共享、风险共担。第二,它充分调动多种所有制经济成分,是推动当下国有企业混合所有制改革的制度选择和路径选择。主权级农业产业基金的设立充分体现股权多样性,鼓励不同所有制主体积极参与到平台的投融资项目中,尤其要引入有国际竞争力的农业龙头企业和金融机构参与。第三,国家主权级农业产业基金的投资兼顾国家农业安全目标与国家农业竞争力提升和增值盈利目标,两个目标不可偏废。第四,该基金的投资方式、运行模式和内部治理模式要专业化、市场化、规范化。

国家主权级农业产业基金主要要实现五大功能:第一,保障国家粮食安全和农业安全,保证农产品的有效供给能力增长与国民对农产品需求的刚性增长相匹配。粮食安全始终是关系我国国民经济发展、社会稳定和国家自立的全局性重大战略问题。我国的粮食安全问题正处在由第二阶段向第三阶段转型的历史进程中[1],能否实现这一跨越,关键在于能否使农产品的有效供给能力与人们对农产品日益增长的需求相匹配。中国必须

---

[1] 粮食安全具有鲜明的阶段性特征,目前国内比较统一的认识是三阶段论,即粮食安全的第一阶段是国民经济发展水平较低时期,改革开放以前是比较典型的第一阶段。第二阶段是国民经济发展到中等水平,其基本特征是粮食生产已经可以在总量上满足需求,社会已经摆脱了粮食短缺的困扰,小康社会的种种特征日益明显。这一时期粮食商品化率有了很大程度的提高,城镇人口占总人口的比重也接近50%。粮食安全的第三阶段是国民经济发展到工业化水平时期,这一阶段二元经济结构得到根本改变,粮食生产已经基本实现了规模化和机械化。我国的粮食安全问题正处在由第二阶段向第三阶段转型的历史进程中,即逐步以食物安全取代粮食安全,除了减缓日益增长的人口对农产品需求增长的压力,还应重点关注人们对农产品质量不断提高的愿望。参见朱信凯:《现代农业发展视野下的国家粮食安全战略》,《中国人大》2012年第15期;熊启泉、邓家琼:《中国农产品对外贸易失衡:结构与态势》,《华中农业大学学报》(社会科学版)2014年第1期。

立足于国内资源实现粮食基本自给，中国粮食安全的主动权必须掌握在中国人自己手中。正像习近平总书记在2018年考察黑龙江农垦建三江管理局七星农场时所强调的，我们要把中国人的饭碗牢牢掌握在中国人自己手中，而且饭碗里主要要装中国粮食。第二，运用国家主权级农业产业基金这一金融手段，深化农业供给侧改革，不仅要追求农产品总产量供需的平衡，还要优化农产品供给内部结构，充分发挥市场机制和价格机制的作用，提高农产品供给质量。当前，我国农产品市场结构性过剩与结构性短缺并存，究其原因在于市场的供给与需求不匹配，没有尊重市场机制的运行规律，粮食收储制度需要改革，主权级农业产业基金有助于完善价格机制的运行，发挥市场在配置资源中的决定性作用。第三，助力农业产业化跨越式阶段，提高农民组织化程度，继续推进农民专业合作组织建设，使生产集约化、专业化。在产业化进程的跨越阶段，需要主权基金对资本资源的运作推进农民专业合作组织，培育龙头农业企业集团，使生产集约化、专业化。尤其要利用国家主权级农业产业基金积极支持具有规模化效应且农业现代化水平、机械化水平和智能化水平较高的中国农垦体系，使农垦体系能够在中国农业产业化中扮演更重要的角色。第四，利用国家主权级农业产业基金推动农业技术进步，提高全要素生产率，提高农产品质量。农产品有效供给能力的增长主要取决于农业生产要素的变化和农业的技术创新。目前中国的农业要素禀赋中，高素质劳动力正在经历非农化历程，剩余劳动力素质普遍较低，而数量固定不变的生产要素如土地资源、淡水资源等资本在人均层面又相对匮乏，解决的关键在于提高稀缺要素的生产效率，进行农业技术创新，主权级农业产业基金可充分调动资本资源，迅速开展农业技术的创新和可复制化推广。第五，帮助民族农业企业积极参与全球农业价值链构建，形成一定的产品议价能力和渠道控制能力，提高我国农产品产业国际竞争力。目前全球农产品价值链正在被巨型跨国涉农公司逐渐主导[1]，我国农业企业国际竞争力明显不足，需要主权基金平台积极培育本土农业企业，并利用国家力量适度干预跨国企业对本土农业价值链的渗透和控制，对民族企业被"挤出"的困境采取相应的援救措施。

三、主权级农业产业基金的发起模式、组织形式与治理模式

从发起模式和运作模式来看，主权农业基金采取政府引导发起、市场化运作的模式。该模式由政府主导设立，财政部门、农业部门、国有企业以及金融机构共同参与注资，社会投资者根据自身意愿参与投资。主权农业基金将成立市场化、专业化的投融资管理机构，按照商业运作原则进行基金的日常管理，

---

[1] 在财富500强62家"涉农企业"中，美国有20家，英国8家，法国、德国和日本各6家，荷兰4家，瑞士3家，澳大利亚、比利时和韩国各2家，中国、加拿大和沙特阿拉伯各1家。可以看出，基本上是西方发达国家的农业企业控制着农产品的全球价值链，而中国只有中粮集团排在其中。目前，世界500强中的"涉农企业"大多已在中国完成初步布局，开始影响甚至改变中国国内农产品产业价值链的基本架构，中国国内的农业产业有被"挤出"的风险。参见刘林青、周潞：《比较优势、FDI与中国农产品产业国际竞争力——基于全球价值链背景下的思考》，《国际贸易问题》2011年第12期。

依据市场机制和量化金融工具进行科学系统的投融资决策。这种模式与我国现阶段的资本市场发育程度相匹配，可以实现政府引导社会资本投资农业产业的目的，在更大范围内混合配置多种所有制经济成分共同参与投融资活动，推动国企改革，有效利用市场资源。

从组织形式来看，国家主权级农业产业基金是一种公司制的主权农业基金。公司须依照公司法律规范设立，属于私法规范下的公司型主权农业基金。这是在普通公司法规范的调整下设立和运营的商业化的国有农业投融资机构，国家持有50%以上的股权。

从具体的组织结构来看，主权农业基金持有人为政府、国有企业及投资者股东。国家主权级农业产业基金股东结构充分体现混合所有制的原则，鼓励国有资本与民营资本交叉持股。其中，政府和国有资本占绝对控股地位，对基金行使出资人职责。主权农业基金采取专门投资机构管理模式，政府以行使股东权利的方式来参与经营管理。政府可行使的职能一般包括：提名任命主权农业基金管理机构的董事长及董事会成员；决定是否注资或增发股份；审议主权农业基金报告等。政府应给予投资管理机构充分的经营自主权，但对于某些国家政策、重大决定以及大型的民营化项目等，基金公司必须向政府咨询。

从内部治理结构来看，主权农业基金要具备完善的董事会、管理层、监事会等公司治理结构。董事会负责制定公司总体投资策略与投资组合，并对业绩进行评估。同时，下设专门委员会负责协助董事会在审计、风险管理、薪酬制度以及人事任免等方面发挥实质性作用,新加坡淡马锡的各类委员会治理结构对我国有很好的借鉴作用。[①] 淡马锡董事会为管理层提供了总体指导原则和方针,并授权于各委员会、总裁和管理层,批准年度报告。政府决定董事会成员和总裁的任免,应特别注意董事会成员中非政府部门人员如具备专业素质的人员的比例,参照淡马锡等成功投资管理企业的管理模式,该比例往往达到一半以上。主权农业基金总公司下设独立子公司,分别投资于不同的领域,总体保证投向农业领域支持产业发展。子公司的股权设置更加灵活,鼓励国有资本和私营资本充分交叉持股,高效配置资源。子公司均需建立相对规范的公司治理结构,具备相对独立的董事会、管理层,保证参与决策的专业人员的比例。

国家主权级农业产业基金在运行、治理的过程中,必须注意以下几个方面:第一,明确国家主权级农业产业基金治理的最终目标是以市场为导向的基金价值最大化。主权级农业产业基金承担的使命是实现农业现代化的国家战略,保证国家农业安全。但在治理目标和实现途径上,应本着市场化的运作模式,以基金价值最大化为治理目标,而不是仅仅以股东价值最大化为治理目标。第二,要在国家主权级农业产业基金治理和运行的过程中重塑国有股东合格主体,建立多元化投资主体的股权制衡机制。股权制衡,是指由少数几个大股东分享控制权,通过内部牵制,使得任何一个大股东都无法单独控制企业的决策,达到互相监督、抑制内部人控制的股权安排模式。优化主权农

[①] 苏小勇:《主权财富基金的组织结构与治理机制探讨》,《商业时代》2011年第1期。

业基金不合理的股权结构,从根本上讲要建立多元化的投资主体。积极培育和发展多元化的投资主体,比如培育和发展机构投资者、推行管理层持股优化股权结构等,对剩余索取权和剩余控制权进行合理配置,而不仅仅局限于董事会、经营者以及债权人之间的制度安排,对从根本上健全公司治理机制、巩固公司制的制度基础、保障股东及利益相关者的权益至关重要。第三,我们还要认识到,国家主权级农业产业基金的产权结构和组织运行模式也是一个随着内外形势变化而不断动态调整的过程。随着未来混合所有制改革在农业产业的不断发展,应逐渐消解垄断国有资本的超级股东身份,确立市场在资源配置中的主导地位。从长期来看,要加快国家主权级农业产业基金的国有资产管理体制变革,规范资本运作,以实现同股同权为目标构建企业治理机制,逐步约束行政权力干预,实现基金的市场化和规范化运作,这对国家主权级农业产业基金的长期健康发展是非常必要的。未来在国家主权级农业产业基金的管理运行中,政府注意适度管制,注重保持基金内部治理机制的独立性,确保政府公共管理职能与股权管理职能的分离。应坚持"去行政化"改革,以经济型治理机制为企业法人财产权和经营自主权提供保障,比如对非国有股东提名的高管应放开管理权限和薪酬限制等,最终为企业家精神的形成提供良好环境。同时,明确政府对主权农业基金的出资人角色,构建政府与主权农业基金的合约体系,合理界定政府管制制度,尽快建立有效的公司治理结构、内部控制机制及风险管理体系。

四、国家主权级农业产业基金与农垦体系改革发展

设立国家主权级农业产业基金的目标是提升中国农业的现代化水平和国际竞争力,保障国家的农业安全和粮食安全。这一目标与中国农垦的目标和定位是极其吻合的。农垦体系是我国农业现代化的主力军和排头兵,也是肩负我国农业安全和粮食安全使命的主力军,因此,农垦体系必须参与到国家主权级农业产业基金中来,成为主权农业基金的重要组成部分;同时,国家主权级农业产业基金必须将农垦体系作为主要的支持对象,大力支持农垦体系的产业发展、产业整合与技术进步,从而使农垦体系更好地履行其农业现代化和农业安全的历史使命。

农垦体系要积极参与主权级农业产业基金的发起和注资工作,黑龙江垦区和广东垦区作为中央垦区可以直接通过出资参与发起主权农业基金,其他成立有负责全区农垦运作管理的企业集团的垦区(如北京、天津、上海、江苏、安徽、湖北、广西、海南、重庆、云南、陕西、甘肃、宁夏、广州、南京等),也可以在自愿基础上,以企业集团的名义,参与主权农业基金的发起工作或后期的注资工作。当然,在国家主权级农业产业基金之外,新疆生产建设兵团、黑龙江和广东两个中央垦区以及各地方垦区也可以根据各地的情况组建地方的农业产业投资基金,聘请专业化投资运营团队进行基金的管理和运营,这与主权农业基金是并行不悖的。各垦区参与到主权农业基金中来,有利于通过基金来改善投融资体制,优化内部运作机制,倒逼

农垦体制变革，从而提高农业投融资的效率和农垦体系的市场竞争能力。

国家主权级农业产业基金要充分运用新的投融资机制，积极支持农垦的体制改革与企业发展。要支持农垦体系内运营良好、市场竞争力较强的重点上市公司和优质企业，支持这些企业做大做强，支持这些企业的技术创新和产业升级，从而使这些上市公司具备全球农业市场竞争实力，参与全球化农业市场竞争，要打造世界最强的农垦农业企业。要特别支持农垦的技术进步和技术创新，包括良种的研发、农业机械的创新、智能化和信息化技术的创新以及其他农业技术的创新，使科技进步在农垦经济增长中的贡献率进一步提高，全面提升中国农垦体系的农业现代化水平。要大力支持农垦企业并购重组和产业链整合，支持重点产业通过资本手段实现产业融合和竞争力互补，迅速做强做大一些关键战略性产业（如种子基因、粮食、大豆、棉花、橡胶等战略性产业），使中国在一些关系到国家粮食安全、农业安全、食品安全、生态安全等重大战略安全的产业领域占据优势地位。

第十八章　从全球竞争格局与中国大农业视角布局农垦未来蓝图

> 本章导读

当前中国农垦体系正进入改革攻坚期和迅猛发展期。根据中央"贯彻新发展理念，加快建设现代农业的大基地、大企业、大产业，深化农垦体制改革"的顶层设计理念，未来农垦体系应该塑造"艰苦奋斗、勇于开拓、奉献国家、勇于担当、市场意识、勇于创新"的新时代农垦精神；要从配置全球资源和产业链的大格局着眼，加大农垦体系的全球粮食市场竞争力培养；要空前注重技术创新和技术进步问题，注重自主研发和科技人才培养；要运用综合的金融支持手段，支持农垦集团化、企业化、市场化，支持农垦企业追求集约化发展和高质量发展；农垦体系要与其他农业企业和农业产业链上下游企业进行密切的战略合作，要与科研院所和高等院校进行密切的科技创新合作，从而形成一种可持续的发展机制和协作机制。

经过改革开放之前三十年的深厚奠基，特别是经过改革开放之后四十年的艰苦的体制探索与改革尝试，当前总体上来说，中国农垦体系已经走过了"山重水复"的试错与摸索阶段，而进入了一个"柳暗花明"的改革攻坚期和迅猛发展期。各中央直属农垦和地方农垦正在以锐意创新的精神，以差异化和多元化的体制改革思路，因地制宜探索自己的发展道路，在企业办社会的体制改革、理顺与地方政府的行政关系和财政关系、企业集团化格局和产业链打造、化解历史债务和安置职工就业等方面，做出了很多有益的探索。部分垦区转企改制进展迅猛，盈利能力大幅提高，全国农垦体系整体运作绩效也在迅速提升，长期亏损局面基本结束，呈现出欣欣向荣的发展景象。这一非常令人鼓舞的局面，与十八大以来中央对农垦体系的战略重视直接相关。

2018年9月25日，习近平总书记到黑龙江农垦建三江管理局考察调研时强调，农垦为保障国家粮食安全、支援国家建设、维护边疆稳定做出了重大贡献。要贯彻新发展理念，加快建设现代农业的大基地、大企业、大产业，深化农垦体制改革，全面增强农垦内生动力、发展活力、整体实力，更好地发挥农垦在现代农业建设中的骨干作用。要加快绿色农业发展，坚持用养结合、综合施策，确保黑土地不减少、不退化。同时指出，中国现代化离不开农业现代化，农业现代化关键在科技、在人才。要把发展农业科技放在更加突出的位置，大力推进农业机械化、智能化，给农业现代化插上科技的翅膀。这些重要论述，站在全球化与现代化的高度，从国家粮食安全和现代大农业的双重视角，为农垦的未来改革发展确定了基调和路径。

展望未来，中国农垦的发展空间更大，但是其挑战也很大。

我认为以下几个方面的工作是非常重要的：

第一，要创建新时代中国特色农垦文化。我国农垦体系伴随着新中国的成长，孕育出极为优秀的企业文化，这种文化的核心是艰苦奋斗、勇于开拓、奉献国家、勇于担当。这种优秀的企业文化曾经在农垦发展中发挥了积极的推动作用，未来也一定会继续发挥积极的作用。新时代的农垦体系的文化，要在传承优秀文化的基础上进行创新，要适应市场化和企业化的崭新时代特征，培育出新的企业文化。农垦体系作为一个企业主体，要更加具有市场眼光和市场敏感性，要在推动要素市场化和运作机制市场化方面具备更大的魄力和开拓精神。因此，要在传统的农垦文化"艰苦奋斗、勇于开拓、奉献国家、勇于担当"之外，再加上"市场意识、勇于创新"这八个字。尤其是农垦的管理者，要把自己视为一个企业家，要培育企业家精神，而不是把自己看成一个政府工作人员；要锤炼农垦管理者的市场意识、竞争意识、危机意识、创新意识、开拓意识，甚至要培育在市场竞争中必备的某种程度上的冒险意识，要勇于尝试和探索。要面向市场，建立市场化的人才选拔机制，要加大经理人市场的培育，从经理人市场中发现和拔擢更多的农垦优秀管理者。当前，一些地区的农垦管理者和职工还存在着若干计划经济时期被动等待的观念，思想僵化，不思进取，没有树立在市场经济环境中"积极开拓，努力创新"的思想，缺乏竞争意识和危机意识，这种思想状态严重阻碍了农垦的体制改革和市场开拓。新时期农垦的发展必须改变这种状况，要使农垦上下牢固树立市场观念和竞争意识，并建立相应的激励机制和约束机制，促使农垦体系实现观念更新和制度变革。

　　第二，要从全球化竞争的大格局着眼，从配置全球资源和产业链的大格局着眼，加大农垦体系的全球粮食市场竞争力培养力度。全球垄断粮商对中国粮食市场虎视眈眈，我们的市场不再是封闭的，因此我们要有足够的危机感和紧迫感，要从全球竞争视角来培育农垦在农业生产和销售的全产业链的竞争优势。如何对付全球粮食垄断资本主义厂商，这是一个极为严峻的时代命题，也是关系到中华民族生死存亡的大命题。我们可以从四大粮商的战略布局和产业链构建中获得不少启示，我们要好好总结这些垄断厂商的战略智慧与布局手段。我们要举一国之力，在种子的研发、农业机械制造与研发、农业科技研究与推广、农产品定价机制探索和农产品期货市场的培育与发展、农产品加工企业的规模化经营机制的探索等方面，一一采取切实有效的措施，一一保障落实。我们要对农垦在整个农业产业链上的布局进行高屋建瓴的、综合的、系统性的研究，从国家层面加以布局，在政策上给以最大力度的支持。这二十多年间我国大豆产业迅速衰落的前车之鉴值得汲取，我们要利用好农垦这个强有力体制，有针对性地培育产业优势，逐步恢复中国在战略性农业产业上的竞争优势。比如大豆产业要逐步恢复，农垦要建立自己的大豆压榨企业，要在科学的顶层设计的基础上，在企业的并购和产业的整合方面迈开大步子，要有清晰化的战略步骤，一步步地抢回我们失去的战略阵地，防止国际资本对中国战略性农业产业的控制和垄断。

　　第三，要更加注重技术创新和技术进步问题。农垦是我国现代农业的排头兵,农垦的大农业生产方式天然地要求农垦必须与高度发达的科技水平和机械化智能化水平相结合,才能获得比较优势,才能在国际粮食市场竞争中立于不败之地。当前,以黑龙江垦区为代表的中央垦区以及一些经济较为发达的地方垦区,在企业的研发投入上肯下大气力,练真功夫,在农业机械制造、信息科技、遥感技术、良种培育、农作物和畜种改良等方面获得了巨大的突破,从而夯实了自己的竞争实力。近期中美贸易摩擦的加剧实际上反映了中美之间国际竞争的加剧,而这种国际竞争归根结底是科技的竞争,是创新能力的竞争。在全球粮食市场的竞争中,一个国家的机械化和智能化水平如何,一个国家在生物技术层面的创新能力如何,直接影响这个国家的粮食生产的效率和竞争力。农垦体系要高度重视提高研发投入,要运用各种有效手段大力吸引优秀的高科技人才,要结合农垦的产业特点进行有针对性的科技创新和攻关,以科技创新引领产业结构的升级和改造。笔者曾于2018年8月赴黑龙江农垦考察,在为我国农垦在科技层面的进步感到振奋的同时,也感到我们在农业科技尤其是农业机械制造和生物科技方面与一些发达国家相比还有很大进步空间,要在这些产业上进行资本的整合,辅以国家的大力支持,改变在农业机械等方面高度依赖外国进口的状况。在对外开放的基础上更加重视自主创新,更加重视本国创新能力的培育和创新人才的培养,这是农垦科技进步未来需要努力的大方向。

第四,要运用综合的金融支持手段,支持农垦集团化、企业化、市场化,支持农垦企业追求集约化发展和高质量发展,支持农垦企业通过资本运作做大做强。作为中国农业现代化的国家队，农垦自身获得金融支持的能力比较强，国家要在信贷融资、上市融资、股权融资等方面对农垦进行政策支持。国家政策性金融体系和开发性金融体系，尤其是中国农业发展银行和国家开发银行，要对农垦企业进行大力支持，支持其进行大规模技术改造、产业升级、产品开发和整个农业产业链构建。其中的道理不用多说，农垦承担着重要的国家粮食安全、农业安全和农业现代化的国家使命，在一定意义上正是国家政策性金融必须支持和应该支持的重点领域。国有商业银行体系和股份制银行体系也应该在商业可持续的前提下，支持农垦企业的发展，在抵押担保等方面采取灵活的手段，用创新性的信贷产品支持农垦的产业发展。要给农垦企业更多的上市机会，使优秀的农垦企业能够有更大的融资空间和发展空间。要通过多层次资本市场对农垦进行全方面的资本支持。要鼓励农垦独立建立或参与建立国家级（国家主权级）的农业产业基金和各省级的农业产业发展基金。我曾经倡议国家建立主权级的农业产业发展基金，以保障国家的农业安全，构建强有力的农业产业链，参与全球的农业市场竞争。农垦作为国家队，在国家主权级的农业产业发展基金中必须承担重要的职责，占据重要的地位，这一战略举措，必须由国家来进行顶层设计，并吸引包括农垦在内的龙头粮食企业和农业企业参与其中。国家级和地方性的农业产业基金的设立，是完善农垦投资体制、保障国有资产保值增值、促进农垦运作机制的市场化和企业化、用市场机制促进农垦产业升级和技术升级的重要举措。目前，我国部分省份的农垦体系正在尝试，各地方政府应给以积极的支持与政策协助。

第五，中国农垦体系要与其他农业企业和农业产业链上下游企业进行密切的战略合作，要与科研院所和高等院校进行密切的科技创新合作，从而形成一种可持续的发展机制和协作机制。农垦不能成为一个封闭的体系，在当前全球化和信息化的背景下，一个封闭的体系是很难获得发展空间的。农垦体系要走出去，与别的企业和其他主体进行战略合作，从而拓展自己的生存空间，培育产业链，在国际竞争中抱团出海，借力发展，共赢共荣。比如农垦集团应该和中粮集团等大型农业央企合作，进行农业全产业链的打造；农垦应该和农业加工企业密切合作，与互联网物流企业（比如京东等）进行密切合作，与中华供销总社以及供销社系统密切合作，与中国进出口贸易企业密切合作等，从而在农产品加工领域、在农产品物流和营销领域、在农资和农产品供应领域、在农产品国际市场开拓方面等，大力拓展自己的生存空间，提高自己的竞争力。以前农垦几乎是自成体系的独立王国，现在农垦的格局要打开，眼界要开阔，要在全产业链上摆开阵势，这就需要一种开放的、协作的、借力的、共赢的思维方式和发展理念。

跋语：与中国农垦结缘二十年

农垦体系是我国农业经营体系中最重要的组成部分，担负着我国农业安全和粮食安全的重任，是中国农业现代化的主力军和排头兵。对于这一定位，恐怕现在没有人持有异议。然而长期以来，在社会公众、新闻媒体、学术研究乃至于政策层面，农垦是一个容易被忽视、被边缘化的领域，公众对农垦体系的了解不多，甚至很多人以为农垦是一个"已经过去"的事物。这种状态当然对我国农业发展和农业安全都是不利的，公众认知度不高既影响了社会对农垦的关注和支持，也影响了研究层面的深入，最终会极大地影响政策层面的顶层设计与战略布局。因此本书的写作和研究的一个重要初衷，就是要引起学术界和公众对中国农垦的兴趣和重视，从而在社会认知、科学研究和政策制定层面能够对我国农垦的发展和改革起到积极的作用。实际上，近三四年，是我国农垦改革和体制创新力度最大、成效最显著、农垦发展最快的一个时期，全国各地的农垦体系发生了深刻的变化，农垦在我国农业现代化和农业安全中的重要的、不可替代的地位，日益得到国家决策部门乃至公众的认可。这是一个值得欣喜的好现象。因此本书的研究，不仅是对农垦以往发展历史的一个梳理，也不仅是对农垦体制的系统探析，而更是中国农垦近年来改革发展的一个真实记录，是对各地农垦体制探索和创新的一个阶段性小结。

与农垦的最初"结缘"是在 20 年前。当时北京大学经济学院开设了一个学制为一年的黑龙江农垦培训班（学员也包括部分农垦体系之外的政府部门工作人员等），我当时是这个培训班的授课教师之一。这个培训班一直持续了十几年。在授课期间，我结识了很多来自黑龙江农垦的朋友，他们当时都是二三十岁的年龄，非常有朝气，从他们那里我了解到很多关于农垦发展的信息，对农垦的特殊体制和作用有了初步的认知。2001 年 7 月，我又带着一批学生到黑龙江农垦进行实地考察，对农垦更增加了一些感性认识。我与黑龙江培训班的学员们结下了深厚的友谊，一直保持着密切的联系，此后我又多次访问黑龙江，对农垦的发展保持密切的接触。2018 年 8 月 20—29 日，我对黑龙江农垦进行了一次较为系统的考察，考察得到了总局领导王守聪先生和徐学阳先生的大力支持。我们考察了宝泉岭、建三江、红兴隆三个管理局，绥滨、普阳、青龙山、七星、胜利、八五九、创业、八五三、友谊九个农场，深入宝泉岭中学、局直小学、七星养老院、创业社区服务中心、绥滨、普阳、七星、八五三农业园区，七星、友谊农机中心，普阳、建三江、胜利体育馆，红兴隆博物馆、红兴隆小红花艺校、创业场史馆，绥滨、青龙山、八五九灌渠、绥滨、八五三酒厂等三十余个调研点，全面了解了黑龙江垦区体制改革、教育、卫生、养老、文化、体育、农业、农机、水利、林业等情况。这次考察带给我巨大的震撼，也带给我很多思考。宝泉岭中小学的完善的教学硬件设施和过硬的教学质量、建三江七星农场的精准农业中心、创业农场的智能化集中浸种催芽基地、各农场高度机械化和现代化的农业生产技术以及良好的公共服务，都给我留下深刻的印象。感谢总局林业局满东斌副局长和总局党委环境办陶然先生的全程陪同与周到照顾。在建三江管理局的调研，得到了苍云副局长和李超、田路成，七星农场夏有利、张玉宝，创业农场王茂生、张振坤，八五九农场李海森、马永辉，青龙山农场李清军、陈广等朋友的大力协助；在宝泉岭管理局的调研，得到了改革办栗静峰、郭延福，普阳农场刘海林，绥滨农场刘春青、李思军，江滨农场应天祥、郭英杰、郭志民、孙剑、梁月升，宝泉岭中学校长李小平等朋友的大力协助；在红兴隆管理局的调研，得到局长顾毅、副局长李宁，八五三农场小红花艺校王洪江校长，八五三农场场长任世军、刘建龙、刘成鹏，红兴隆版画研究院来志刚，友谊农场孙玉岐，红兴隆党校杨传林，红兴隆友谊农场杨慧红、李晓东等朋友的大力协助。这次调研，使我获得了丰富的信息，加深了我对于农垦体制改革的认识，谨向这些领导和朋友致以衷心感谢。这些朋友，很多都是在近20年前北大培训班上结识的老友，这次故友重逢，分外亲切。一个月后，总书记来到建三江七星农场考察，并就农垦重要地位和农垦未来改革发表了重要讲话；四个月之后的12月16日，黑龙江北大荒农垦集团总公司正式挂牌成立。可以说，我们一起见证了黑龙江农垦改革的一个重要的里程碑式的节点。2020年1月12日，我受邀到宝泉岭管理局为"领导干部改革发展能力提升培训班"授课（授课题目是"中国农垦体系现代企业制度构建、机制创新与未来发展模式"），并在蒋长春书记和苍云总经理的安排和陪同下考察了当地的农产品电商企业和农产品加工企业，宝泉岭的领导和朋友李乃春、栗静峰、孙剑、刘建敏以及当地企业家栗瑞祥等对我的授课和调研给予了周密的安排，谨此致谢。多年来，我在黑龙江的调研还得到了佳木斯市副市长郭雪梅，农垦经济研究所所长王大庆、张林、盛善平、姜盾、马丹阳、范光来等老朋友的协助，在此一并致谢。

近十几年来，我在新疆维吾尔自治区和新疆生产建设兵团进行了多次调研，石河子大学何剑老师、胡宜挺老师、管仲老师、高洋老师、范庆祝老师、谢婷婷老师，曾在石河子大学就读的李琦、曹向元，兵团吴正兵、程景民、李海勇、田永浩、陈彦宏，阿吾斯奇农场刘垚，吐鲁番市委常委王业钦，乌鲁木齐市政府何文秀校友，吐鲁番文物局局长王霄飞校友、马龙校友，新疆农行任茂谷、谢志雄、李全民，新疆北大校友会会长张野学长、胡琛校友，五家渠国民村镇银行张飞、王哲、王晓隆等对我历次新疆考察提供了巨大的支持；我在内蒙古呼伦贝尔农垦的考察得到了张天喜董事长、张福礼董事长以及胡兆民、张然、鲍业鸣、高华成、于涛、王刚，鄂温克包商村镇银行郭建荣、李晓峰、李倩，额尔古纳蒙兀室韦农场田一民，三河马场赵伟华等好友的支持和帮助。广东农垦陈汉平、中国农垦经济研究会李红梅、《中国农垦》主编成德波、广西联社李冬泳等在我研究农垦经济的过程中也提供了很多帮助，一并致谢。

曾在北京大学和清华大学求学的王东宾博士、李冰冰博士、高连水博士、曾江博士、张春霞博士、王天雨博士、杨敏博士以及冯璐、呼倩、轩兴堃、郭凯、王彬、宋曼嘉等多次陪同我到新疆、黑龙江、内蒙古等地调研农垦和农村金融，此外徐余江、兰永海、张逸昕、王哲、王琼慧、王子宇、康恒溢、张慧琳等同学参与了"北京大学中国战略与国企改革研究小组"的大量学术讨论和研究，在小组关于农垦改革的讨论中贡献了很多宝贵的思想和学术灵感，其中呼倩、冯璐、轩兴堃参与了关于农垦改革和国家主权农业基金的研究，在此表示由衷的感谢。

本书的研究获农业农村部 2018 年农垦信息统计与监测体系建设专项资助，农业农村部领导对农垦发展和改革高度重视，对本人的研究提供了巨大的支持。感谢农业农村部路亚洲、赵蕾、贺潇、李静、陈炫汐、董明、刘琢琬等朋友在我进行农垦研究和调研过程中给予巨大帮助，另外农业农村部赵铁桥、毕美家、郭东泉、赵长宝、张照新、程百川等朋友和领导多年来对我的农村农业研究也给予了方方面面的支持，谨此致谢。

同样值得感念的是，自 2018 年起，我在《新疆农垦经济》杂志开设了《农垦论道》专栏，在这个专栏上连续发表了近二十篇关于中国农垦改革发展的学术论文，这些文章构成本书的主体。《新疆农垦经济》杂志胡宜挺老师和管仲老师对我的学术研究给予了极大的支持和包容，我们的合作一直是极其愉快的，深深地感谢两位老师。

这本小小的著作凝聚了很多人的努力，可以视为中国农垦体制改革和发展模式探索的一个缩影。而我对本书的定位，不是单纯从技术性的视角提出局部的改进方案，而是从中国的农业现代化、农业安全和粮食安全的大战略出发，从农垦被赋予的多重功能出发，来构建农垦制度改革的基本框架，谋划农垦的未来发展战略。本书研究涉及我国农垦体制变革与发展的若干重大问题，聚焦农垦的产权改革、现代企业制度构建、企业办社会功能的剥离、农业技术进步和农业安全、农垦集团化企业化改革与企业品牌建设、垦地共建机制、中国农业现代化与生态农业构建等难点焦点问题，结合各地农垦的创新探索经验，进行了较为系统的研究，希望能够对各地农垦改革和发展提供一些思路和参考。我国各地农垦历史条件和发展状况差异性很大，我期待未来能够在更多的实地考察研究的基础上，梳理更多的宝贵的地方经验，以利于各地农垦因地制宜探索符合本地实际的改革发展模式。与中国农垦结缘二十年，我对中国农垦的未来充满信心，也对中国的农业现代化和农业安全充满信心，而农垦的光明未来，需要包括农垦人在内的全体中国人民共同努力，高瞻远瞩，锐意革新，从而使中国在农业全球化竞争的格局中立于不败之地，把粮食安全的主动权牢牢掌握在中国人自己手中。这在未来充满不确定性的世界中尤其重要。

王曙光

2020 年 1 月 30 日

农历庚子年正月初六日于善渊堂